Pocket Power

Stefan Kühl
Gerhard Kullmann

Gruppenarbeit

Einführung, Bewertung, Weiterentwicklung

2. Auflage

HANSER

Inhalt

1 Einleitung

Unternehmen, Verbände und Verwaltungen, die sich einem umfassenden Qualitätsverständnis verschreiben, greifen immer stärker auf Team- und Gruppenstrukturen zurück. Durch das Zusammenwirken verschiedener Fachrichtungen und Blickweisen in Gruppen sollen Fähigkeiten gebündelt und so eine dauerhafte Produkt- und Prozessqualität erreicht werden.

Ziel dieses Buches ist es, Mitarbeitern in Gruppen, Führungskräften und Prozessbegleitern einen praxisnahen Leitfaden für die Einführung, Bewertung und Weiterentwicklung von Gruppenarbeit im Sinne eines umfassenden Qualitätsmanagements zur Verfügung zu stellen.

Es handelt sich hierbei um „Rezeptliteratur" im wahrsten Sinne des Wortes. Wir stellen nicht Gruppenarbeit in all ihrer Komplexität und Widersprüchlichkeit dar, sondern geben Hinweise, welche Vorgehensweisen sich bei der Einführung, Bewertung und Weiterentwicklung von Gruppenarbeit besonders bewährt haben.

Zu einer guten Rezeptliteratur gehört es dabei, dass wir den Leser auf Stolpersteine hinweisen, unlösbare Zielkonflikte aufzeigen und an verschiedenen Stellen auf Handlungsalternativen aufmerksam machen.

Die Funktion dieses Buches ist es nicht, den sicheren Weg zu einer neuen, optimalen und perfekten Organisation aufzuzeigen – diesen Königsweg gibt es nicht. Vielmehr wollen wir den Lesern einen Prozess vorstellen, durch den Qualität, Flexibilität und Innovationsfähigkeit in Organisationen durch Gruppenarbeit gesteigert werden kann. Und wie auch beim Kochen gilt, dass ein wirklich überzeugendes Ergebnis erst durch die freizügige Anpassung und Weiterentwicklung des Rezeptes entsteht.

Im Kapitel 2 stellen wir vor, was Gruppenarbeit ist, wie sie sich von anderen Formen der Teamarbeit unterscheidet und wie sie Bestandteil eines umfassenden Qualitätsmanagements werden kann.

Im Kapitel 3 gehen wir auf verschiedene Typen von Gruppenarbeit ein.

Im Kapitel 4 behandeln wir, welche Aspekte bei der Einführung von Gruppenarbeit beachtet werden müssen, welche Rolle Projektteams und Pilotphasen spielen sowie welche Widersprüche bei der Umstellung von stark arbeitsteiligen Strukturen auf Gruppenarbeit auftreten.

Im Kapitel 5 präsentieren wir, durch welche fachlichen und sozialen Qualifizierungsmaßnahmen die Einrichtung von Gruppenarbeitsstrukturen unterstützt werden kann.

Im Kapitel 6 stellen wir die sieben Säulen der Gruppenarbeit vor, die die Basis für eine auf Prozess- und Ergebnisqualität ausgerichtete Gruppenarbeit im Unternehmen darstellen.

Im Kapitel 7 zeigen wir, mit welchen Ansätzen und Methoden sich Gruppenarbeitskonzepte weiterentwickeln lassen.

Die Techniken der Gruppenarbeit werden in drei Teilschritten erläutert.

„WORUM GEHT ES?"

Unter dieser Fragestellung werden die der jeweiligen Technik zugrunde liegenden Theorien erläutert.

„WAS BRINGT ES?"

Unter dieser Fragestellung werden die Möglichkeiten und Grenzen der jeweiligen Technik aufgezeigt.

„WIE GEHE ICH VOR?"

Unter dieser Fragestellung werden die der jeweiligen Technik zugrunde liegende Methodik und anhand ausgewählter Instrumente der praktische Einsatz der Techniken beschrieben.

2 Was ist Gruppenarbeit?

2.1 Ziele der Gruppenarbeit

Mit Gruppenarbeit wird die Erreichung verschiedener Ziele angestrebt:

- Durch die Selbststeuerung dezentraler Einheiten sollen Unternehmen gerade in der Auftragsbearbeitung flexibler werden und sich so stärker auf spezifische Bedürfnisse ihrer Kunden ausrichten können.
- Durch weit gehende Entscheidungs- und Handlungskompetenzen für Gruppen sollen diese selbständig Verbesserungen vornehmen können. Auf diese Weise sollen Durchlaufzeiten und Bestände reduziert sowie Schnittstellen optimiert werden.
- Durch größere Zeitspielräume und die Erweiterung der Handlungsspielräume für die Mitarbeiter soll eine Verbesserung der Arbeitsbedingungen und damit zugleich auch der Motivation der Mitarbeiter erreicht werden.

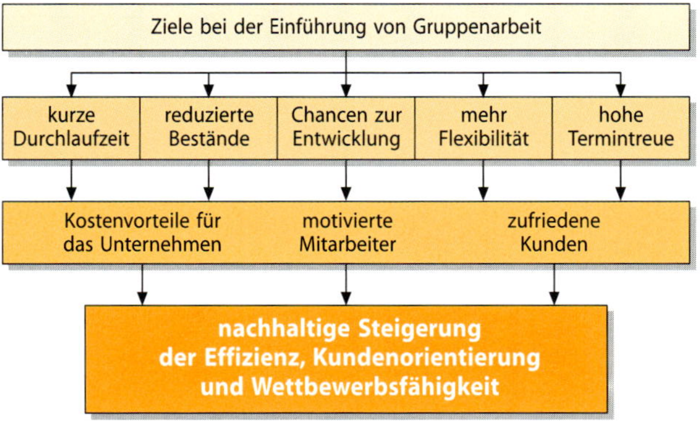

Bild 1: *Mit Gruppenarbeit angestrebte Ziele*

Gruppenarbeit ist durch die Ausrichtung auf Kundenzufriedenheit Bestandteil eines umfassenden Qualitätsmanagements. Durch die Selbststeuerungspotentiale der Gruppen wird eine umfassende Liefertreue gegenüber den externen und internen Kunden in Bezug auf Qualität, Menge und Termin angestrebt. Der Gruppenarbeit als Instrument des Qualitätsmanagements liegt die Auffassung zugrunde, dass Qualität nicht von oben „erprüft“, sondern nur durch die Übernahme von Qualitätsverantwortung für einen Prozess oder Teilprozess in Selbstverantwortung produziert werden kann.

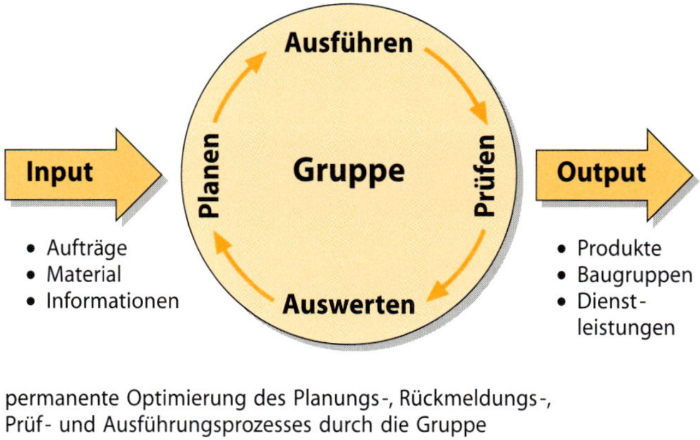

Bild 2: *Regelkreis bei Gruppenarbeit*

Das Prinzip der vollständigen Bearbeitung von abgeschlossenen Teilprozessen sowie die Integration von Planungs-, Entscheidungs- und Kontrollaufgaben in eine Gruppe ermöglicht aufgabenbezogene Lernprozesse. Dadurch, dass die Gruppen eine definierte Handlungsautonomie erhalten, sollen Ergebnisse der Lernprozesse in Veränderungen von Handlungen umgesetzt werden und so ein kontinuierlicher, sich selbst steuernder Veränderungsprozess in Gang gesetzt werden.

2.2 Merkmale von Gruppenarbeit

Fertigungsinsel, Montagegruppe, Produktteam, teamorientierte Arbeitsorganisation, teilautonome Arbeitsgruppe, Gruppenarbeit – die Namen sind verschieden, der Grundgedanke ist immer derselbe.

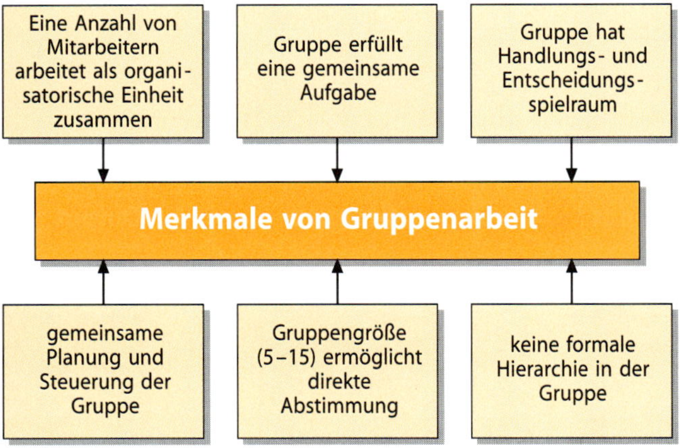

Bild 3: *Woran erkennt man Gruppenarbeit?*

Gruppen- und teamorientierte Arbeitsformen zeichnen sich dadurch aus, dass mehrere Personen gemeinsam die Aufgabe übernehmen, ein Produkt, Teilprodukt oder einen Prozess vollständig zu bearbeiten. Dabei werden die Arbeitsprozesse von der Gruppe weit gehend selbst gesteuert. Mit den Prozessen verbundene Planungs-, Entscheidungs- und Prüfaufgaben werden in die Gruppe integriert.

Gruppenarbeit prägt sich je nach zu erledigender Aufgabe unterschiedlich aus.

Beispiele für Gruppenarbeit aus Produktions-, Handels- und Dienstleistungsunternehmen sowie aus der öffentlichen Verwaltung sind ...
... die Erstellung eines Produktes oder Teilproduktes im Fertigungs- oder Montagebereich eines Unternehmens durch eine Gruppe. Dabei bedient die Gruppe verschiedene Maschinen und plant selbst die Abarbeitung der eingegangenen Aufträge.
... die Durchführung eines umfassenden Entwicklungs- und Konstruktionsauftrags in einem simultan arbeitenden Entwicklungsteam. Experten aus Entwicklung, Konstruktion, Vertrieb, Marketing, Arbeitsvorbereitung und Einkauf wirken im Produktentstehungsprozess zusammen.
... die Komplettbetreuung eines Kunden mit Versicherungsdienstleistungen durch eine Gruppe von Sachbearbeitern. Anstatt dass ein Mitarbeiter für nur eine Teilaufgabe wie Prämienberechnung, Kontakt mit Kunden, Buchhaltung, Eingangskontrolle oder Rückversicherung zuständig ist, übernimmt eine Gruppe die Bearbeitung aller Aufgaben, die in einer Region anfallen.
... die Reinigung eines kompletten Stadtbezirks durch eine Gruppe von Straßenkehrern. Dabei planen die Straßenkehrer ihre Touren selbst, fordern selbst ihre Gerätschaften an und übernehmen die Planung des Personaleinsatzes.
... die Bedienung der Bürger eines Stadtteils mit allen Verwaltungsdienstleistungen durch die Gruppe eines Bürgerbüros. Der Bürger kann mit all seinen Problemen in ein Bürgerbüro kommen, wo Verwaltungsdienstleistungen durch die Gruppe der Sachbearbeiter erbracht werden.

Gruppenarbeit beruht weit gehend auf der Selbstkoordination einer Anzahl von Personen im Rahmen eines vorgegebenen Budgets oder Produktionsprogramms. Das heißt, dass die Gruppe insgesamt für die Ergebnisse eines umfassenden Arbeitsprozesses verantwortlich ist und die Einzelaufgaben innerhalb dieses vorgegebenen Prozesses untereinander aufteilt.

Im Unterschied zu Geschäftssegmenten und Profitcentern können sie in aller Regel nicht über die Ziele ihres Arbeitseinsatzes entscheiden und haben nur sehr begrenzte Einflussmöglichkeiten auf die Form der übergreifenden Arbeitsorganisation. Fragen des Produktionsprogramms und der Produktmenge, aber auch der übergreifenden Produktqualität liegen jenseits ihrer Verantwortung. Arbeitsgruppen haben in der Regel keine eigene Budgetverantwortung und nur sehr geringen Einfluss auf Investitionsprogramm, Finanzplan, Gewinnverteilung und Gewinnverwendung.

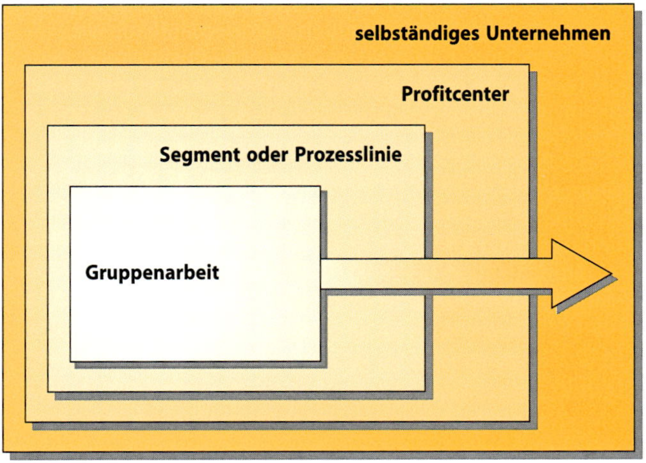

Bild 4: *Steigende Autonomie in dezentralen Unternehmensformen*

Wenn eine Gruppe für bestimmte Produkte und Dienstleistungen den gesamten Geschäftsprozess vom Kundenauftrag bis zur Anlieferung oder Leistungserstellung abwickelt, kann es sinnvoll sein, dass Gruppen auch Funktionen von Prozesslinien, Segmenten oder gar Profitcentern übernehmen. Die Gruppen sind dann auch für Fragen des Produktionsprogramms und der Produktmenge zuständig und bekommen eine eigene Budgetverantwortung übertragen.

2.3 Abgrenzung zu Qualitätszirkeln und anderen Formen der Teamarbeit

Die Gruppe ist die kleinste Einheit der Aufbauorganisation eines Unternehmens. Sie unterscheidet sich grundsätzlich von Qualitätszirkeln, Werkstattzirkeln, Kaizen-Gruppen oder Lernstätten, in denen parallel zur traditionellen, funktional-hierarchischen Fertigungs-, Verwaltungs- oder Serviceorganisation auf freiwilliger oder angeordneter Basis ein bestimmtes Problem gelöst werden soll.

Qualitätszirkel, Werkstattzirkel, Kaizen-Gruppen und Lernstätten sind kleine, zeitweilig eingerichtete Teams, die sich punktuell treffen, um in ihrem Aufgabenfeld auftretende Qualitätsprobleme zu bearbeiten. Die erarbeiteten Lösungen müssen vom Vorgesetzten genehmigt und dann von den Teams umgesetzt werden.

Im Gegensatz dazu übernimmt bei Gruppenarbeit eine fest zusammenarbeitende Gruppe die Termin- und Qualitätsverantwortung für eine umfassende Arbeitsaufgabe. Im normalen Arbeitsprozess erfolgt eine direkte Kommunikation über die Qualitätsverbesserung. Prozessverbesserungen innerhalb des Aufgabenspektrums der Gruppe brauchen nicht mehr zwangsläufig mit den Führungskräften abgestimmt zu werden. Sie werden innerhalb eines abgestimmten Handlungsrahmens von der Gruppe weit gehend selbständig vorgenommen.

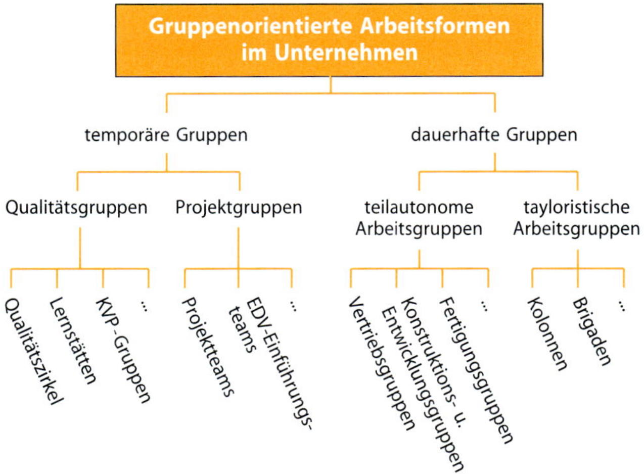

Bild 5: *Varianten gruppenorientierter Arbeitsformen*

Quelle: nach Antoni/Hofmann/Bungard.

3 Typen von Gruppenarbeit

3.1 Anpassung an die Unternehmensform

Gruppenarbeit wurde als Reaktion auf die Schwachstellen einer streng hierarchischen und arbeitsteiligen Unternehmensorganisation entwickelt.

Die streng hierarchische und arbeitsteilige Unternehmensorganisation erlaubte gegenüber den traditionellen handwerklichen Herstellungsverfahren erhebliche Produktivitätssteigerungen durch Trennung von planenden und ausführenden Tätigkeiten, durch Zergliederung der ausführenden Tätigkeiten in kleine standardisierte Teilarbeitsschritte, durch zeitliche Normierung dieser Teilarbeitsschritte und Kopplung des Lohns an diese Vorgabezeiten (Akkord).

Niedrig qualifizierte Mitarbeiter konnten bei ausführenden Aufgaben leicht eingesetzt werden und relativ einfach zwischen den verschiedenen Bereichen im Unternehmen ausgetauscht werden.

Diese Arbeitsform entsprach weit gehend den Anforderungen eines standardisierten Massenmarktes. Durch die Routinisierung von Wertschöpfungsprozessen konnten Produkte in großer Menge zu günstigen Preisen produziert und auf den Markt gebracht werden.

Immer mehr setzt sich jedoch die Erkenntnis durch, dass die stark arbeitsteilige und hierarchische Unternehmensorganisation den Anforderungen eines auf Qualität, Variantenvielfalt und Flexibilität ausgerichteten Marktes ebenso wenig gerecht wird wie den steigenden Ansprüchen der Mitarbeiter an eine interessante und erfüllende Arbeit.

In der Praxis dezentraler Unternehmensorganisationen haben sich verschiedene Formen von Gruppenarbeit herausgebildet. Diese Formen der Gruppenarbeit hängen stark von der Struktur des Unternehmens, der Marktsituation, den Produkten und den Kundenbeziehungen ab.

Im Folgenden werden vereinfacht zwei Grundtypen von Gruppenarbeit nach dem Grad der Autonomie (Unabhängigkeit) der Gruppe unterschieden.

3.2 Teilautonome Gruppenarbeit

WORUM GEHT ES?

Die teilautonome Variante der Gruppenarbeit entwickelte sich in den siebziger Jahren auf der Grundlage von Vorarbeiten des Londoner Tavistock Institute of Human Relations, die bis in die fünfziger Jahre zurückreichen. Ein wichtiges Pionierprojekt war die Einführung von Gruppenarbeit in einem schwedischen Motorenwerk der Firma Volvo. Die Organisationsstruktur dieses Unternehmens basierte auf teilautonomen Gruppen, die in weit gehender Eigenverantwortung Auftragsplanung, Fertigungssteuerung und Personaleinsatz übernahmen. Die Materialwirtschaft arbeitete nach dem gruppengesteuerten Holprinzip. Das heißt, dass die Gruppen selbst die Anlieferung von benötigten Teilen und Baugruppen in Absprache mit anderen Gruppen durchführen konnten. Qualitätskontrolle und -sicherung lag bei den Gruppen. Nacharbeit fand unmittelbar am Gruppenarbeitsplatz statt.

Typischer Handlungsspielraum der Gruppe in der teilautonomen Variante der Gruppenarbeit

- umfassende Termin- und Qualitätsverantwortung der Gruppe
- geschlossener Regelkreis von Planen, Ausführen und Prüfen
- Planung der Auftragsreihenfolge
- Abstimmung mit anderen Bereichen und Gruppen
- Teile der Leistungsbewertung durch die Gruppe selbst
- Mitwirkung bei Personalauswahl und Planung des Personaleinsatzes
- Zielvereinbarungsprozess mit der Gruppe
- Planung und Durchführung von Qualifizierung und Personalentwicklung
- Ständige Verbesserung als fester Aufgabenbestandteil der Gruppe

In der teilautonomen Gruppenarbeit ist der Gruppensprecher gleichberechtigtes Gruppenmitglied. Er arbeitet wie jedes andere Gruppenmitglied im Arbeitsprozess mit.

Der Gruppensprecher wird durch die Gruppe gewählt und erhält keine zusätzliche Vergütung.

Er übernimmt nicht Aufgaben eines Vorgesetzten oder Vorarbeiters, sondern wirkt vielmehr als interner Moderator und Koordinator sowie als „Sprachrohr“ und „Antenne“ der Gruppe nach außen. Die gesamte Gruppe, nicht der Gruppensprecher, ist für die Leistungen der Gruppe verantwortlich.

Teilautonome Gruppenarbeit: Das Basketballteam

Eine Gruppe bei teilautonomer Gruppenarbeit lässt sich mit einem Basketballteam vergleichen. Die Teamaufgabe und die Spielregeln sind von außen vorgegeben. Im Rahmen der Gesamtaufgabe und der Spielregeln hat das Team jedoch relativ große Entscheidungs- und Handlungsmöglichkeiten. Sie haben bei der Auswahl ihrer Spielzüge eine gewisse Autonomie.
Im Basketballteam gibt es zwar einen Kapitän. Dieser erledigt jedoch die gleiche Aufgabe wie die übrigen Teammitglieder. Der Kapitän hat seinen Teamkollegen gegenüber keine formale Weisungsbefugnis.

WAS BRINGT ES?

In der teilautonomen Variante der Gruppenarbeit kann die Gruppe aufgrund ihrer Kompetenzen zur Selbststeuerung sehr weit gehende Termin-, Kosten- und Qualitätsverantwortung übernehmen. Im Rahmen ihrer Selbststeuerung ist die Prozessverbesserung Aufgabenbestandteil aller Mitarbeiter der Gruppe und ihrer täglichen Arbeitspraxis.

Gerade wenn auch Personaleinsatz, Feinplanung und -steuerung von Arbeitsabläufen sowie die Handhabung flexibler Arbeitszeitregelungen in die Kompetenz der Gruppe fallen, bringt die Selbstkoordination durch die Gruppe dem Unternehmen beachtliche Flexibilitätsvorteile. Besonders bei einer hohen Variantenzahl und niedrigen Losgrößen kann die Reaktionsfähigkeit so erheblich erhöht werden.

Die teilautonome Form der Gruppenarbeit kann erhebliche Qualitätsvorteile mit sich bringen, weil die Gruppenmitglieder für ein komplettes Produkt zuständig sind. Deshalb können die Gruppenmitglieder Qualitätsmängel aus vorgängigen Prozessschritten im weiteren Arbeitsablauf erkennen und eigenverantwortlich beheben.

Diese Vorteile machen sich besonders in der hochautomatisierten Massenproduktion und in der Prozessindustrie bemerkbar. Diagnose-, Wartungs- und Instandhaltungsfunktionen können in den teilautonomen Gruppen zusammengefasst werden. So ist eine übergreifende Prozessqualität zu gewährleisten.

Dagegen hat das Prinzip der teilautonomen Gruppenarbeit in Bereichen der Massenfertigung mit einem hohen Anteil manueller Tätigkeiten bisher wenig Anwendung gefunden. Hier wird im Allgemeinen davon ausgegangen, dass durch teilautonome Gruppenarbeit die Effizienzvorteile, die durch kurze Taktzeiten und stark zergliederte Arbeitsschritte erreicht wurden, verloren gehen.

Die Konzeption der teilautonomen Gruppenarbeit kann mitunter mit dem klassischen betrieblichen Verbesserungs- und Vorschlagswesen kollidieren, da dort die Verbesserung der Prozessqualität separat honoriert wird.

In der teilautonomen Variante können sich die Gruppen so organisieren, dass sie spezielle Treffen zur Prozess- und Qualitätsverbesserung einrichten. Dabei können sie auf Werkzeuge und Instrumente von Qualitätszirkeln zurückgreifen. Die Einrichtung von separaten Treffen ist jedoch nicht notwendig, wenn es der Gruppe gelingt, im alltäglichen Arbeits- und Planungsprozess kontinuierliche Prozessverbesserungen vorzunehmen.

3.3 Eingeschränkte Gruppenarbeit

WORUM GEHT ES?

Im Rahmen der Diskussion über japanische Managementkonzepte kam Gruppenarbeit erneut ins Gespräch. In den „verschlankten Produktionsformen“ (Lean Management) wurde Gruppenarbeit als ein zentrales Instrument zur Produktivitätssteigerung betrachtet.

Bei dieser Variante der Gruppenarbeit sind die Planungs- und Entscheidungskompetenzen der Gruppe begrenzt. Die Gruppenarbeit wird in eine relativ strikte und stark vorstrukturierte Produktionsform eingebunden.

Die Gruppe ist nur für die Personaleinsatzplanung bei ansonsten vorgegebener Auftragssteuerung zuständig. Die Steuerung und Auftragserfüllung wird nach wie vor überwiegend durch die betriebliche Hierarchie gesichert. Arbeitsvorbereitende und planerische Aufgaben werden nur begrenzt in die Gruppen verlagert. Insgesamt wird auf eine homogene Gruppenzusammensetzung Wert gelegt.

Typischer Handlungsspielraum der Gruppe in der eingeschränkten Variante der Gruppenarbeit

- Einhaltung der Termin- und Qualitätsvorgaben
- Ausführende Aufgaben stehen im Vordergrund
- Informationsaustausch mit anderen Bereichen
- Selbstoptimierung im Hinblick auf vorgegebene Ziele
- Optimierung des Personaleinsatzes und eigenständige Urlaubs- und Schichtplanung
- Umsetzung von Zielvorgaben
- Umsetzung von Qualifizierungsplänen zur Erhöhung der Flexibilität
- Vorschläge zur Prozessverbesserung

Während der Gruppensprecher in der teilautonomen Gruppenarbeit nicht nur Ansprechpartner nach innen und außen, sondern auch gewählter Interessenvertreter der Gruppe ist, wirkt er in der eingeschränkten Gruppenarbeit typischerweise als eingesetzter Vorgesetzter in der Gruppe.

Er übernimmt als „Quasi-Vorarbeiter" oder als „Quasi-Leiter" Führungs- und Kontrollaufgaben in der Gruppe. Der Gruppensprecher ist stärker als die anderen Mitglieder für die Leistungen der Gruppe verantwortlich. Er erhält für die Führungs- und Kontrollaufgaben eigene Zeitbudgets und typischerweise eine Gruppensprecherzulage.

Eingeschränkte Gruppenarbeit: Das Ruderteam

Eine Gruppe in der eingeschränkten Gruppenarbeit lässt sich mit einem Ruderteam vergleichen. Die einzelnen Arbeitsschritte sind eindeutig vorgegeben und das Ruderteam kann lediglich bestimmen, wer auf welchem Posten rudert. Es gibt einen Schlagmann, der festlegt, in welchem Rhythmus gearbeitet wird. Der Schlagmann verrichtet selbst nicht die gleiche Arbeit wie seine Teamkollegen.

WAS BRINGT ES?

Eingeschränkte Formen der Gruppenarbeit verknüpfen teamorientierte Arbeitsformen mit Elementen einer stark hierarchischen und arbeitsteiligen Arbeitsorganisation.

In Europa finden sich eingeschränkte Formen der Gruppenarbeit besonders bei Produzenten von Massengütern mit einem hohen Anteil manueller Tätigkeiten. Vorwiegend im Montagebereich von Massenproduzenten – genannt sei hier die Automobilindustrie und die Automobilzulieferindustrie – wird die Flexibilität von Gruppen bei der Auftragsbearbeitung nicht als zentral angesehen und auf eine eingeschränkte Form der Gruppenarbeit zurückgegriffen.

Hierbei stehen zwei Vorteile für das Unternehmen im Mittelpunkt:

- Die Gruppenarbeit ermöglicht dem Unternehmen eine höhere Austauschbarkeit von Mitarbeitern zwischen den einzelnen Arbeitsplätzen.
- Die Gruppen nehmen – unterstützt durch Rationalisierungsexperten – selbständig Optimierungen vor.

In der eingeschränkten Form der Gruppenarbeit kann es häufiger Probleme im Qualitätsmanagement geben, weil die Gruppen nur begrenzte Qualitäts- und Prozessverbesserungskompetenzen haben. Deshalb wird häufig die Initiierung separater Prozesse zur Qualitätsverbesserung wie Kaizen- oder Qualitätszirkel notwendig.

	Eingeschränkte Variante	Teilautonome Variante
Arbeitsinhalt	Eher geringe Arbeitsumfänge	Erweiterte Arbeitsumfänge
Taktbindung	Häufig Vorgabe von geringen Taktzeiten und Integration in Fließbandfertigung	In der Regel Taktentkopplung statt Fließband, z. B. Boxenfertigung
Aufgabenintegration	Begrenzte Integration, Arbeitsteilung in Gruppen, Herausbildung von Spezialisten innerhalb wie außerhalb der Gruppe	Hohe Funktionsintegration, Qualifizierungschancen in Bereichen wie Instandhaltung, Nacharbeit, Logistik, Qualitätssicherung

	Eingeschränkte Variante	Teilautonome Variante
Selbstkoordination	Geringes Maß an Selbstkoordination, weit gehende Vorgaben durch Vorgesetzte, Mitsprachemöglichkeiten	Hohes Maß an Selbstkoordination, Planung und Steuerung der Arbeitsabläufe durch Gruppe, hohe Autonomie in Bezug auf Zeit- und Aufgabenverteilung
Gruppensprecher	Durch Vorgesetzte eingesetzt, häufig freigestellt von operativer Arbeit, zählt als untere Hierarchiestufe, Übernahme von Meister- und Vorarbeiteraufgaben	Durch die Gruppe gewählt, arbeitet mit, kein Teil der Hierarchie, Sprecher und Koordinator der Gruppe
Qualitätskontrolle	Prozessbegleitender Total Quality-Ansatz, kundenorientierte Null-Fehler-Strategie	Qualitätsverantwortung durch die Gruppe, zusätzliche externe Qualitätskontrolle, Nacharbeit unmittelbar am Gruppenarbeitsplatz
Qualifizierungsanforderungen	Qualifizierungsanforderungen zur Erreichung von Arbeitseinsatzqualifikation und wegen der am Team orientierten Qualitätssicherungsmaßnahmen	Hohe Qualifizierungsanforderungen durch Selbstkoordination, Teamentwicklung, Erweiterung der Aufgabenkompetenzen und Qualitätssicherung

Tab. 1: *Eingeschränkte und teilautonome Variante der Gruppenarbeit in Fertigung und Montage*

4 Einführung von Gruppenarbeit

4.1 Die sieben Fallstricke bei der Einführung

Bild 6: *Sieben Fallstricke bei der Einführung von Gruppenarbeit*

Die Einführung von Gruppenarbeit ist in der Regel ein problematischer Prozess, weil die Umstellung von einer stark hierarchischen, arbeitsteiligen auf eine dezentralisierte Unternehmensstruktur grundlegende Widersprüchlichkeiten mit sich bringt. Selbst bei einem optimal gestalteten Einführungsprozess stößt man immer wieder auf sieben grundlegende Probleme.

Fallstrick 1: hierarchische Anordnung

Die Einführung von Gruppenarbeit wird in der Regel von der Unternehmensleitung beschlossen und hierarchisch angeordnet. Da bei Gruppenarbeit jedoch von den Mitarbeitern Selbstkoordination verlangt wird, wird die hierarchische Anordnung zur Einführung von Gruppenarbeit von den Mitarbeitern häufig als widersprüchlich wahrgenommen.

Fallstrick 2: Hineinsteuern

Gerade in der Übergangsphase zur Gruppenarbeit kann oder will das Management häufig noch nicht alle Steuerungsbefugnisse in die Gruppe abgeben. Das „Hineinsteuern" der Führungskraft in die Aufgabenbearbeitung der Gruppe wird häufig als Widerspruch zu der formal zugestandenen Selbstkoordination empfunden.

Fallstrick 3: Erfahrungswissen

Durch Gruppenarbeit sollen langfristig das Erfahrungswissen und die Qualifikation der Mitarbeiter stärker für den Produktionsprozess genutzt werden. Das aktuelle Erfahrungswissen der Mitarbeiter zum Zeitpunkt der Einführung von Gruppenarbeit ist jedoch häufig eher hinderlich, weil es noch sehr stark auf Einzelarbeit ausgerichtet ist.

Fallstrick 4: Koordination

Gruppenarbeit basiert auf einer funktionierenden Koordination zwischen den verschiedenen Bereichen. Aber genau diese bereichsübergreifende Koordination war vorher nicht sehr ausgeprägt, weil teilweise nicht erforderlich und teilweise nicht gewünscht, so dass es in der Übergangsphase zu großen Abstimmungsschwierigkeiten zwischen den Bereichen kommt.

Fallstrick 5: mittleres Management

Zur Einführung der Gruppenarbeit wird die Kooperation des mittleren Managements benötigt, weil Teile ihrer bisherigen Aufgaben von den Gruppen übernommen werden sollen. Weil diese Bereiche häufig durch die Einführung von Gruppenarbeit verunsichert sind und sich in ihrer Existenz bedroht sehen, trifft die Veränderung dort verständlicherweise auf Widerstand, der sich bei ungeeigneter Herangehensweise zu einem zentralen Misserfolgsfaktor auswachsen kann.

Fallstrick 6: hierarchische Vorbilder

Die sich neu bildenden Gruppen sollen sich selbst koordinieren. Als Anhaltspunkt, wie diese Koordination aussehen könnte, stehen ihnen jedoch häufig nur zum einen die früheren hierarchischen Formen der Arbeitsorganisation, und zum anderen die hierarchischen Formen der Steuerung, die in anderen Bereichen des Unternehmens wirken, zur Verfügung. So besteht die Gefahr, dass mit der Selbstorganisation die gleichen Strukturen ausgebildet werden, wie sie vor der Einführung der Gruppenarbeit vorhanden waren. In den Gruppen entwickelt sich z. B. der Gruppensprecher nach und nach zum selbstgewählten Vorarbeiter.

Fallstrick 7: soziale Kompetenz

Bereits in der Einführungsphase ist die soziale Kompetenz der Beteiligten ein Erfolg bestimmender Faktor: Das offene Ansprechen von Problemen, das Einbringen der eigenen Sichtweise, das Anmelden und Aushandeln von Interessen und das Bearbeiten von Konflikten ist gerade zu Beginn von großer Bedeutung für die Qualität des Einführungsprozesses. Diese Kompetenzen wurden jedoch durch den bisher praktizierten Bereichsegoismus, die vorherrschende Einzelarbeit und die dabei gelebte Kultur des Misstrauens, der Anweisung und Kontrolle im Unternehmen eher beeinträchtigt als gefördert. Sie können häufig erst durch Gruppenarbeit und die begleitenden qualifizierenden Maßnahmen entwickelt werden.

4.2 Verschiedene Denkmodelle im Einführungsprozess

Die Einführung von Gruppenarbeit ist gegenüber den traditionellen Formen der Arbeitsorganisation eine tief greifende Veränderung, die nicht nur die über Jahrzehnte gewachsenen Organisationsstrukturen und -abläufe, sondern auch die mitgewachsenen Denk- und Verhaltensmuster aller Beteiligten in Frage stellt.

Doch damit nicht genug: Der Einführungsprozess erfordert das Zusammenwirken über Hierarchieebenen und Fachbereichsgrenzen hinweg. Dabei stoßen häufig unterschiedliche Denkmodelle über den Ablauf von Veränderungsprojekten aufeinander.

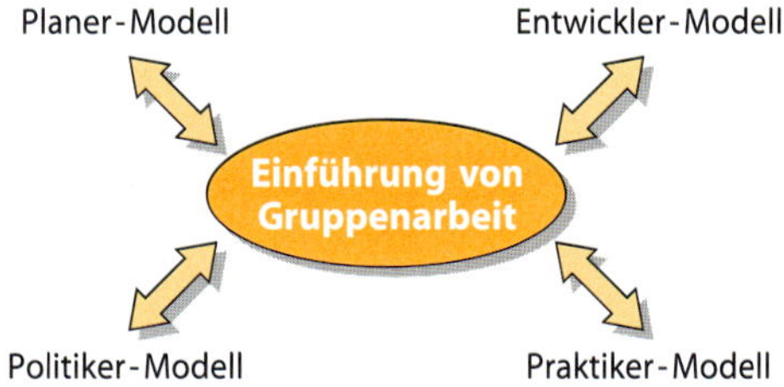

Bild 7: *Verschiedene Modelle bei der Einführung von Gruppenarbeit*

4.2.1 Unterschiedliche Modelle

Das Planer-Modell: Erst soll die Technik, dann die Organisation und zuletzt der Personaleinsatz geplant werden. Die Einführung der Gruppenarbeit wird Schritt für Schritt nach Maßgabe der von der Leitung definierten Ziele geplant und dann konsequent umgesetzt. Die Einführung von Gruppenarbeit ist nach diesem Denkmodell letztlich auch nichts anderes als Fabrikplanung, wie sie auch bisher zu bewältigen war.

Das Entwickler-Modell: Bei diesem Modell wird die Einführung der Gruppenarbeit als vorrangig technischer Entwicklungsprozess verstanden: Vom Lastenheft zur technischen Spezifikation, zum Entwurf, zur funktionsfähigen Lösung eines vermeintlich technischen Problems. Nach diesem Denkmodell sind alle organisatorischen und personalwirtschaftlichen Fragen nachrangig.

Das Politiker-Modell: Geschickte Verhandlungen, die richtigen Bündnispartner, ein geeigneter Zeitpunkt zum Losschlagen und eine gehörige Portion Durchsetzungsvermögen – nach dem Politiker-Modell erscheint die Einführung von Gruppenarbeit vor allem als Auseinandersetzung unterschiedlicher Interessengruppen, also unter anderem zwischen Geschäftsleitung und Betriebsrat, zwischen Zentrale und Niederlassung, zwischen Spartenleitung und Fachabteilungen.

Das Praktiker-Modell: Passende Antworten auf die alltäglichen Herausforderungen, pragmatisches Herangehen ohne graue Theorie und zeitraubenden Planungsaufwand - nach dem Denkmodell vieler Praktiker auf der Arbeitsebene ist die Einführung von Gruppenarbeit vor allem etwas, das mit dem Arbeitsalltag vereinbar sein muss: mit begrenztem Aufwand zur jeweils situationsangemessenen Organisationslösung und zum dazupassenden Personaleinsatzkonzept.

4.2.2 Konflikte zwischen den Modellen

Was passiert nun, wenn die verschiedenen Denkmodelle aufeinander treffen?

Da die unterschiedlichen Herangehensweisen sich erst nach und nach zeigen und in aller Regel nicht in „Reinkultur" auftreten, kann es in der ersten Projektphase zu zahlreichen Missverständnissen und für alle Beteiligten rätselhaften Konflikten kommen. Was dem einen selbstverständlich vorkommt, erscheint dem anderen völlig absurd; Prioritäten und Themenschwerpunkte werden unterschiedlich gesetzt, und im ungünstigsten Fall behält das „Politiker-Modell" Recht - es wird vor allem ein Machtkampf zwischen Bereichen und Personen aus dem Projekt.

Wenn die ersten Missverständnisse geklärt, die Konflikte bereinigt sind, dann nimmt das Projekt zwar seinen Lauf - aber die Anfangserwartungen der Projektakteure sind häufig bereits enttäuscht. Statt sorgfältiger Planung, optimaler Technik, einem guten politischen Interessenausgleich und einem angemessenen Gleichgewicht zwischen dem Pragmatismus des Tagesgeschäfts und den strategischen Potentialen der Gruppenarbeitseinführung ergeben sich in vielen Fällen gegenseitige Blockaden und faule Kompromisse.

WAS TUN?

- Beachten Sie die unterschiedlichen Denkmodelle der beteiligten Personen sowie die fach- und bereichsspezifischen Hintergründe für die jeweilige Herangehensweise von Anfang an.
- Entwickeln Sie Leitsätze zur Gruppenarbeit. Diese Leitsätze sollen Orientierung für die Gruppenarbeit liefern und als Impuls für die Veränderung der Arbeitsform dienen. Gleichzeitig sollten sie aber so offen gehalten werden, dass sich alle Beteiligten darin wiederfinden können.

Leitsätze zur Gruppenarbeit – Ein Beispiel

- Gruppenarbeit bedeutet gemeinsame Verantwortung mit gegenseitiger Unterstützung.
- *Wir arbeiten zusammen.*
- Die Gruppe ist für ihre Arbeit gemeinsam zuständig und jede/r übernimmt bestimmte Aufgaben.
- *Wir sind zuständig.*
- Gruppenarbeit soll durch abwechslungsreicheres und selbständigeres Arbeiten zu mehr Spaß bei der Arbeit führen, ohne zu überfordern.
- *Wir haben Abwechslung.*
- In der Gruppe lernen die Mitarbeiter/innen gemeinsam und geben ihr Wissen untereinander weiter.
- *Wir lernen gemeinsam.*
- Gruppenarbeit bedeutet für jeden die Chance, noch besser zu werden, persönlich Erfolg zu haben und die Wettbewerbsfähigkeit des Unternehmens zu sichern.

- *Wir haben Erfolg.*
- Gruppenarbeit heißt, dass auftretende Probleme angesprochen und Konflikte offen ausgetragen werden.
- *Wir reden miteinander.*
- Alle Abteilungen und die Leitung unterstützen die Gruppen bei der Erfüllung Ihrer Aufgaben.
- *Wir haben Unterstützung.*
- Alle sind ständig darum bemüht, ihre Arbeitsabläufe zu verbessern und nach neuen Lösungen zu suchen.
- *Wir werden besser.*

Quelle: Firma Theo Wellen Nährmittelfabrik, Krefeld.

- Unterstützen Sie den offenen und ungeschminkten Austausch über den Ausgangszustand zu Projektbeginn. Wenn das Gruppenarbeitsprojekt von allen Beteiligten als Antwort auf ihre jeweiligen Probleme gesehen und betrieben wird, ist das eine wichtige Basis für den Erfolg des Projekts.
- Legen Sie klare Ziele und einen klaren Kurs fest, aber behalten Sie genügend Offenheit für Veränderungen, um nicht nur die Zielstrebigkeit der Planer und Entwickler, sondern auch das taktische Geschick der Politiker und den Alltagsverstand der Praktiker zum Zuge kommen zu lassen.
- Sorgen Sie für eine regelmäßige, gut aufbereitete Information aller Mitarbeiter sowie für eine umfassende Beteiligung von Vor-Ort-Experten aus allen für den Projektgegenstand relevanten Funktions- und Statusgruppen.
- Beachten Sie, dass Informationen an verschiedenen Stellen versanden können. Teilweise wird die Information gehört, aber nicht verstanden. Oder die Information wird verstanden, aber die Mitarbeiter sind nicht mit der Information einverstanden.

Gedacht	→	Gesagt?
Gesagt	→	Gehört?
Gehört	→	Verstanden?
Verstanden	→	Einverstanden?
Einverstanden	→	Umgesetzt?

Bild 8: *Informationen auf dem Weg vom Gedanken zur Umsetzung*

▶ Rechnen Sie mit der Gerüchteküche – mit Missverständnissen, Übermittlungsfehlern und „Stille-Post-Effekten". Senden Sie auf allen verfügbaren Kanälen, und zwar so einfach, so offen, so direkt und klar wie möglich. Redundanz ist in diesem Fall keine Verschwendung, sondern eine entscheidende Erfolgsvoraussetzung.

Checkliste zur Informationspolitik im Einführungsprozess

Informationen müssen:
- zeitnah weitergegeben werden
- verständlich und nachvollziehbar sein
- in überschaubaren Paketen gegeben werden
- häufig wiederholt werden und
- von den Adressaten kommentiert werden können

▶ Achten Sie stets darauf, dass das Projekt genügend Promotoren hat und dass das Vertrauen in dem begonnenen Veränderungsprozess bei der Kernmannschaft und den Promotoren stark genug ist, um mit den erwartbaren

Veränderungswiderständen und Projektkrisen angemessen umgehen zu können. Entwickeln Sie zu Projektbeginn vertrauensbildende Maßnahmen in der Kernmannschaft, insbesondere als erfahrbare Übereinstimmungen zwischen Wort (Vereinbarung) und Tat im Kreis der Projektakteure.

4.3 Wichtige Rahmenbedingungen beim Einführungsprozess

Im Einführungsprozess von Gruppenarbeit sind bestimmte Rahmenbedingungen wichtig.

Problemklärung: Warum überhaupt Veränderung?

Es sollte für alle Beteiligten und Betroffenen klar sein, auf welche neuartigen oder veränderten Markt- oder Umfeldanforderungen, auf welche organisatorischen Schwächen und Probleme mit der Einführung von Gruppenarbeit reagiert wird. Ohne eine solche Problemklärung wird die Forderung nach Veränderung als Zumutung erlebt und gerät leicht in den Verdacht, eine Modekampagne zu sein. Die Einführung von Gruppenarbeit muss von den Mitarbeitern als eine Antwort auf externe oder interne Anforderungen an die eigene Organisation verstanden werden.

Soll-Ist-Differenz: Kreative Spannung als Quelle von Veränderungsenergie

Entscheidender Erfolgsfaktor für ein Gruppenarbeitsprojekt ist, dass alle Akteure eine Vision von einem neuen, für sie wünschenswerten Zustand der Arbeitsorganisation haben, der als Anziehungspunkt wirken kann. Verbunden mit einem genauen Bild über die Ursachen jetziger Unzufriedenheit mit den bestehenden Strukturen und Prozessen entsteht ein Spannungsfeld, welches Veränderungsenergie freisetzen kann.

Prozesssicherheit: Wie kommen wir von hier nach dort?

In Phasen der Veränderung im Unternehmen ist es für die Motivation der Mitarbeiter wichtig zu wissen, wie diese Veränderungen ablaufen. Konkret heißt das, dass die Leitung für Sicherheit auf dem Weg der Veränderung sorgen muss, also:

- ein klares Bild davon erzeugen muss, wer im Gruppenarbeitsprojekt welche Entscheidungen treffen kann,
- wo welche Informationen zu bekommen sind oder gegeben werden,
- wie das Projekt im Gesamtunternehmen abläuft,
- welche Zusammenhänge es zwischen Gruppenarbeit und eventuellen anderen Veränderungen im Unternehmen gibt und
- auf welche Standards an Information und Mitsprache sich die Mitarbeiter in Bezug auf ihre künftigen Aufgaben verlassen können.

Judo-Prinzip: Mit dem Widerstand arbeiten

Mit Widerständen ist bei der Einführung von Gruppenarbeit aus allen Ebenen der Organisation zu rechnen, zum einen weil es um die Veränderung von alten, lange auch erfolgreichen Verhaltensmustern geht, zum anderen weil die neue Organisationsform auch immer Unsicherheit mit sich bringt. Nur mit Durchsetzungskraft allein ist in solchen Situationen nicht viel zu gewinnen, da Druck immer auch Gegendruck erzeugt.

Das Arbeiten mit zunächst für den Projektfortschritt hinderlich erscheinenden Kräften in der Planungs- und Vorbereitungsphase führt dagegen oft zu sinnvollen Kurskorrekturen und erleichtert die Umsetzung geplanter Lösungen.

4.4 Strukturierung des Einführungsprozesses: Projektteams und Workshops

In der betrieblichen Praxis lassen sich gegenwärtig zwei verschiedene Vorgehensweisen zur Mitarbeiterbeteiligung in der Planungs- und Einführungsphase von Gruppenarbeit beobachten.

Zum einen ist dies die Arbeit mit betrieblichen Projektteams und Planungsteams zur Entwicklung und Einführung von Gruppenarbeitslösungen. Je nach Größe des zu gestaltenden Bereichs werden häufig auch mehrere Projektteams für bestimmte Prozessabschnitte oder Aufgabenbereiche gebildet, deren Arbeit dann von einem übergeordneten Projektgremium (z. B. Lenkungsausschuss) koordiniert wird.

Projektteams, Planungsteams bzw. Lenkungsausschüsse haben eine feste Zusammensetzung, einen vorgegebenen Zeitrahmen und eine klar definierte Aufgabe. Das Team existiert so lange, bis die Aufgabe erfüllt ist und löst sich danach auf.

Vertreter aus den Bereichen, in denen zukünftig Gruppenarbeit als zentrale Form der Arbeitsorganisation existieren soll, müssen im Projektteam angemessen vertreten sein. Sie wirken als Vor-Ort-Experten für die zu gestaltenden Arbeitsprozesse und als Vertreter derjenigen, die dort später einen Teil der Verantwortung übernehmen sollen. Sie müssen die Möglichkeit haben, die Arbeitsergebnisse des Projektteams an die Mitarbeiter in den betroffenen Bereichen rückzukoppeln.

Auch die Führungskräfte der zukünftigen Gruppen sollten im Projektteam mitwirken.

Ferner hat sich bewährt, dass auch Vertreter von Unternehmensbereichen, die von der Einführung der Gruppenarbeit nur indirekt betroffen sind, am Projektteam beteiligt werden. Auch wenn sie selbst nicht unmittelbar in Gruppen arbeiten werden, so sollten sie doch möglichst frühzeitig auf die Gestaltung der neuen Arbeitsform einwirken.

Bild 9: *Beispiel für die Zusammensetzung eines Projektteams*

Darüber hinaus sollten in jedem Fall Mitglieder des Betriebsrats bzw. der Personalvertretung an dem Projektteam beteiligt sein. Durch deren Beteiligung können andere Blickwinkel und zusätzliches Know-how im Planungsprozess berücksichtigt werden. Dort, wo Mitarbeiterinteressen berührt sind, kann der Betriebsrat bzw. die Personalvertretung als „Anwalt" für gute Arbeitsbedingungen und faire Spielregeln im Rahmen seiner gesetzlichen Aufgaben eine wichtige Funktion erfüllen. Durch die Beteiligung des Betriebsrats bzw. der Personalvertretung können mögliche Konfliktpunkte schnell erkannt und rechtzeitig ausgeräumt werden. Ferner können Maßnahmen in den Bereichen Qualifizierung, Entgelt und Arbeitszeit, die Voraussetzung für erfolgreiche Gruppenarbeit sind, frühzeitig mit dem Betriebsrat bzw. der Personalvertretung gemeinsam entwickelt werden.

Vorteile von Projektteams

- Das Projektteam wird am Projekterfolg gemessen und identifiziert sich stärker als andere betriebliche Akteure mit dem Veränderungsprozess.
- Bei gutem Projektmanagement kann eine situationsangemessene Aufteilung von Entscheidung und Verantwortung zwischen Auftraggebern im oberen Management und dem Projektteam entwickelt werden.
- „Bedenkenträger“ und Vertreter der tendenziell verunsicherten und besorgten Bereiche können im Projektteam mit ihren Einwänden und Besorgnissen einbezogen und mit in die Verantwortung für das Gesamtergebnis genommen werden.
- Vertreter von wesentlichen Fachabteilungen und ggf. Kunden oder Zuliefergruppen können in der Planungsphase Ideen, Einwände und Lösungsvorschläge einbringen.

Probleme der Einführung über Projektteams

- Nicht alle Mitarbeiter der Arbeitsgruppen sind an der Planung beteiligt. Dadurch kann ein Transferproblem in die Arbeitsgruppen entstehen.
- Der Prozess wird auf die Projektteams delegiert. Außenstehende fühlen sich auch an Stellen, wo sie dies aus fachlichen Gründen tun müssten, nicht mehr dafür verantwortlich.

- Es entstehen Schnittstellen zwischen den betroffenen Gruppen und dem Projektteam, die gestaltet werden müssen.
- Die interdisziplinäre Zusammensetzung und das damit sehr unterschiedliche Ausgangswissen, die unterschiedlichen Fachsprachen, Denkweisen und Erfahrungshintergründe im Projektteam können zu Kommunikationsproblemen zwischen Teammitgliedern führen.
- Im Projektteam können Verfechter der herkömmlichen Organisationsstruktur wichtige Rollen übernehmen und über das Projektteam gezielt den Einführungsprozess behindern.
- Das Bereichsdenken kann sich im Projektteam in „Schwarzer-Peter-Spielen“ und Machtkämpfen äußern und den Projektfortschritt lähmen.

Beim zweiten Weg zur Einführung von Gruppenarbeit wird die Gruppenarbeit durch die Mitglieder der zukünftigen Gruppen selbst gestaltet. Der Einführungsprozess wird quasi zur ersten gemeinsamen Arbeitsaufgabe der Gruppe. Neben ihrer eigentlichen Arbeit planen die Mitglieder der Gruppe ihre zukünftige Struktur und Arbeitsform.

Da die Entwicklungen der einzelnen Gruppen aufeinander abgestimmt werden müssen und andere Bereiche von der Einführung von Gruppenarbeit betroffen sind, sollten regelmäßige Workshops zur Abstimmung stattfinden. In diesen Workshops kann die Gesamtstrategie der Gruppenarbeit weiterentwickelt werden.

Um zu verhindern, dass es in diesen Workshops zu verkrusteten Strukturen kommt, hat es sich bewährt, die Zusammensetzung der Workshops gezielt zu variieren.

Vorteile der Einführung über Gruppen

- Die gesamte Gruppe ist von Beginn an an der Gestaltung ihrer Arbeitsbedingungen beteiligt.
- Die gemeinsame Planung ist ein wesentlicher Lernschritt und bedeutet ein Erfolgserlebnis für die Gruppe.
- Die Mitglieder der Arbeitsgruppe haben einen sehr homogenen Ausgangswissensstand und können so die für sie geeigneten Arbeitsformen wählen.
- Durch die Workshops können sehr gezielt andere betroffene Bereiche integriert werden.

Probleme bei der Einführung über Gruppen

- Hoher Aufwand durch die Einbeziehung aller Mitarbeiter.
- In der Regel gibt es am Beginn der Planungen die zukünftige Gruppe noch nicht, sondern das Festlegen der Arbeitsgruppe sowohl personell als auch technologisch ist wesentlicher Inhalt der Planungsphase.
- Die Rahmenbedingungen der Gruppenaufgabe sind von der Gruppe selbst nicht beeinflussbar.
- Von Führungskräften werden bei der Einführung von Gruppenarbeit häufig schnelle und sichtbare Erfolge erwartet. Der Einführungsprozess kann jedoch eine längere Zeit in Anspruch nehmen.
- Gerade im Fertigungsbereich ist Planung eine neue und ungewohnte Aufgabe. Es besteht die Gefahr, dass die erarbeiteten Lösungen sehr nahe an der bisherigen Realität bleiben.
- Es wird ein starker Promotor benötigt, der verhindert, dass der Prozess blockiert wird oder sich verläuft.
- Die Gesamtabstimmung bei der Einführung stellt hohe Anforderungen an das Prozessmanagement.

Es hat sich in einigen Fällen bewährt, die beiden Vorgehensweisen (Projektteams und Einführung über die Gruppen selbst) miteinander zu verbinden. So werden alle zukünftigen Mitglieder der Gruppen am Einführungsprozess beteiligt und zur Gesamtabstimmung finden Workshops mit wechselnder Besetzung statt. Zur Lösung spezifischer Probleme im Einführungsprozess können jedoch Mini-Projektteams eingesetzt werden, die gezielt zu einem Thema arbeiten.

4.5 Pilotbereiche und Erprobungen

Die Einführung von Gruppenarbeit in einem gesamten Unternehmen ist ein hochkomplexer Prozess. In der Regel lässt er sich nicht nach einem übergeordneten, detailliert ausgearbeiteten Plan vollziehen. Die Erfahrung hat gezeigt, dass sich Unternehmen leicht verrennen, wenn sie versuchen, eine von oben geplante neue Organisationsstruktur im Unternehmen durchzudrücken.

Deswegen bietet sich die Einführung über Pilotbereiche an. In den Pilotbereichen kann man – auch ohne schon eine abgeschlossene Konzeption der zukünftigen Gruppenarbeitsformen zu haben – mit der Erprobung gruppenförmiger Arbeitsstrukturen beginnen. Die Erprobungen liefern dann wichtige Rückschlüsse für die Weiterentwicklung der Konzeption.

Im Pilotbereich können typische Konflikte, die bei der Einführung von Gruppenarbeit auftreten, mit einer begrenzten Zahl von Akteuren ausgetragen werden. Mit dem Verweis auf den Pilot- und Erprobungscharakter können die Mitarbeiter motiviert werden, Ideen nicht sofort zu zerreden, sondern einfach einmal auszuprobieren.

Wenn in der Pilot- und Erprobungsphase starke Anforderungen aus dem Alltagsgeschäft kommen, sollten diese nicht dazu führen, die Pilot- und Erprobungsphase auszusetzen und zu den alten Arbeitsmustern zurückzugehen. Vielmehr sollten die verstärkten Anforderungen aus dem Alltagsgeschäft bewusst in den Mittelpunkt der Pilot- und Erprobungsphase gestellt werden und mit Hilfe der neuen Arbeitsform angegangen werden.

Die erfolgreiche Einführung von Gruppenarbeit in einem Pilotbereich führt in der Regel zu einem Druck auf andere Bereiche, ebenfalls Gruppenarbeit einzuführen. Es entstehen „Leuchtturmeffekte“, d. h. es werden positive Nachrichten über erfolgreiche Erprobungen im Gesamtunternehmen verbreitet.

Andererseits steht ein solcher Pilotbereich auch im „Rampenlicht“: Probleme, Konflikte und Misserfolge sind schnell in aller Munde, wobei „Stille-Post-Effekte“ dafür sorgen, dass auch relativ unbedeutend erscheinende schlechte Nachrichten plötzlich als „Horrormeldungen“ gehandelt werden.

Bei der Bestimmung von Pilot- und Erprobungsbereichen ist im Übrigen davor zu warnen, diese nur auf *eine* Gruppe zu beschränken. Die Einrichtung nur einer Pilotgruppe führt häufig dazu, dass sich diese an den unpassenden Rahmenbedingungen zerreibt, weil die „kritische Masse“ nicht ausreicht, um genügend Veränderungsenergie zu mobilisieren.

Insgesamt hat es sich bewährt Pilotbereiche auszuwählen, die aus mehreren Gruppen bestehen, und parallel zur Einführung der neuen Arbeitsform in den Gruppen auch die Veränderung der Rahmenbedingungen zu initiieren und zu erproben.

Die Planung in den Pilotbereichen muss für beteiligte Mitarbeiter nachvollziehbar bleiben. Deswegen ist es notwendig, bestimmte Prinzipien zu beachten:

- vor Ort planen,
- an konkreten Aufgaben planen,
- gegenständliche Modelle als Hilfsmittel verwenden,
- Abläufe visualisieren,
- schnelle Umsetzung von Planungsschritten,
- Planungen und Modelle gemeinsam verändern und aktualisieren,
- Checktermine vereinbaren.

Langfristiges Ziel muss es sein, dass die Mitarbeiter anhand dieser Prinzipien selbst Planungen vornehmen können und so in die Lage versetzt werden, neue Arbeitsstrukturen selbständig zu erproben.

5 Qualifizierung für Gruppenarbeit

Durch die Einführung von Gruppenarbeit ändern sich Anforderungen an die Mitarbeiter.

Arbeitsveränderung	vor allem durch
größerer Umfang an unmittelbar wertschöpfenden Aufgaben	Arbeitsplatzwechsel und geringere Bedeutung von Spezialisierung
größerer Umfang an Planungs- und Umfeldaufgaben	Aufgaben aus Wartung, Qualitätssicherung, Materialdisposition und Produktionsplanung, Einkauf, Feinplanung, Ablaufsteuerung
engere Zusammenarbeit mit den Kollegen	Abstimmung über Arbeitsplanung und Personaleinteilung sowie gegenseitige Unterstützung
erweiterte Selbstorganisation und Handlungsspielräume	Zuständigkeit für Personal- und Arbeitsplanung, gewählte Gruppensprecher, Gruppengespräche
erhöhte Einsatzflexibilität	Gegenseitiges Anlernen und systematische Qualifizierung
höhere Anforderungen an Konfliktregulierung	Entscheidungsfindung durch die Gruppen
erweiterte Möglichkeiten des Belastungsausgleichs	Aufnahme zusätzlicher Tätigkeiten in die Gruppe

Tab. 2: *Anforderungen*

Quelle: Gerst 1998: S. 42.

Damit die Mitarbeiter diese Anforderungen erfüllen können, sollten schon mit Beginn der Einführungsphase Qualifizierungsmaßnahmen gestartet werden.

Diese Qualifizierungsmaßnahmen zielen aufgrund der Veränderung der Arbeitsaufgaben immer auf zwei Bereiche ab: Qualifizierung für neue fachliche Anforderungen und Qualifizierung für soziale Prozesse.

5.1 Qualifizierung für neue fachliche Anforderungen

Das Ziel der Komplettbearbeitung von Aufträgen bringt in aller Regel eine erhebliche Erweiterung der fachlichen Anforderungen an die Gruppenmitglieder mit sich. So brauchen künftige Gruppenmitglieder, z. B. bereits in der Planungsphase, vor Beginn der eigentlichen Gruppenarbeit, einen Überblick über vor-, neben- und nachgelagerte Arbeitsschritte in der Prozesskette der Auftragsbearbeitung. Dieser ist nötig, um auf die Gestaltung der Gruppenaufgaben wirksam und situationsangemessen Einfluss nehmen zu können.

Wichtiger Bestandteil der Gruppenarbeit ist eine höhere Flexibilität der Mitarbeiter innerhalb der Gruppen. Sie ergibt sich daraus, dass jeder Mitarbeiter angemessen viele Arbeitsgänge oder Einzelaufgaben innerhalb der Gruppe beherrscht. Hierfür müssen die Gruppenmitglieder entsprechend qualifiziert werden.

Als erster Schritt sollte von den Führungskräften und Gruppenmitgliedern der Qualifizierungsbedarf ermittelt und festgelegt werden.

Zur Darstellung der Ergebnisse dieses Prozesses eignen sich so genannte Qualifizierungsspiegel. In diesen Qualifizierungsspiegeln sollten die Einzelaufgaben, der Qualifizierungsstand der Mitarbeiter und die für die Erledigung der Einzelaufgaben benötigte Mitarbeiterzahl festgelegt werden.

Was ist zu tun?	Wer muss es tun?
1. Festlegung für jede Tätigkeit: Wie viele Mitarbeiter müssen es können?	Führungskraft, Gruppe
2. Ermittlung für jede Tätigkeit: Wer kann es?	Gruppe
3. Befragung: Wer will welche Tätigkeit lernen?	Gruppe
4. Abgleich zwischen nötiger (1) und erwünschter (3) Qualifizierung	Gruppe
5. Festlegung: Wer lernt was bis wann?	Führungskraft, Gruppe

Tab. 3: *Qualifizierungsbedarfsanalyse*

Ist der Qualifizierungsbedarf bestimmt, geht es darum, ein auf den Bedarf und die Möglichkeiten der Gruppe zugeschnittenes Schulungsprogramm zu entwickeln.

Dabei sind einige Hinweise zu beachten:

- Die Schulungen sollten vor Ort durch Gruppenmitglieder und während des Arbeitsprozesses durchgeführt werden.
- Kapazitäten für Qualifizierungen sollten explizit geplant und bereitgestellt werden.
- Planungen sollten für einen Zeitraum von einem Jahr erstellt und dann neu vorgenommen werden.

- Die Abwicklung der Qualifizierungsmaßnahmen sollte nach Endterminvereinbarung zwischen Gruppe und Vorgesetzten von der Gruppe selbst gesteuert werden.
- Der Qualifizierungsspiegel muss einfach und für jeden nachvollziehbar sein.

	qualifizierte Mitarbeiter Soll/Ist	Mitarbeiter 1	Mitarbeiter 2	Mitarbeiter 3
Einzelaufgabe A	3/2	■	●	■
Einzelaufgabe B	2/1	■	◆	●
Einzelaufgabe C	2/2	▲	■	■
Einzelaufgabe D	2/2	■	■	◆
Einzelaufgabe E	2/1	◆	●	■
Einzelaufgabe F	2/2	■	◆	■

■ beherrscht Einzelaufgabe ● muss sich noch qualifizieren
▲ will sich qualifizieren ◆ kein Qualifizierungsbedarf

Bild 10: *Qualifizierungsspiegel*

5.2 Qualifizierung für soziale Prozesse

Der Einzelkämpfer ist in der Gruppenarbeit nicht mehr gefragt. Da jedoch viele Mitarbeiter durch die auf Einzelarbeitsplätze ausgerichteten Arbeitsstrukturen geprägt sind, sollte ihnen über Teamtraining die Möglichkeit gegeben werden, soziale Kompetenzen auszubauen.

Kompetenzen wie Moderation von Gruppen, Projektplanung und Konfliktmanagement werden in der beruflichen Erstausbildung, an den Schulen und Hochschulen häufig noch vernachlässigt. Für das Selbstmanagement einer Gruppe sind diese Kompetenzen aber unverzichtbar. Bereits bei der Beteiligung der zukünftigen Gruppenmitglieder am Einführungsprozess besteht einerseits die Notwendigkeit und andererseits die konkrete Gelegenheit zur prozessnahen Vermittlung dieser Kompetenzen.

Des Weiteren geht es um die Fähigkeit und die Bereitschaft, als „Spielertrainer" innerhalb der Gruppe das Erfahrungswissen aus der bisherigen Einzelaufgabe an andere Gruppenmitglieder zu vermitteln. Ebenso wichtig sind Fähigkeiten (und Haltungen) wie die des Zuhörens, der gegenseitigen Unterstützung, des Ansprechens auch von unangenehmen Themen und des Angehens und Bearbeitens von Konflikten.

Wohlgemerkt: Es geht nicht um gruppendynamische Übungen als Selbstzweck, sondern es geht um die Gruppenaufgabe und deren Bewältigung als Voraussetzungen für ein effizientes Zusammenwirken. Also: Je näher das Training zur Teambildung und Teamentwicklung den konkreten Gruppenproblemen im Arbeitsalltag kommt, je besser es auf die Gruppenaufgabe der gemeinsamen Selbstkoordination bezogen ist, desto höher ist die Wahrscheinlichkeit, dass die vermittelten Kompetenzen auch im Alltag zur Anwendung kommen.

Im Prozess der sozialen Qualifizierung sollte die Gruppe z. B. eigene Regeln zu folgenden Punkten erarbeiten:

- Wie kommen wir zu einer Aufgaben- und Rollenverteilung in der Gruppe?
- Wie fällen wir Entscheidungen in der Gruppe?
- Wie bewältigen wir Konflikte in der Gruppe?
- Was passiert bei Abwesenheit von Mitarbeitern beim Gruppengespräch?
- Wie geben wir Informationen weiter?

5.3 Qualifizierung im Entwicklungsprozess einer Gruppe

Die Durchführung von Qualifizierungsmaßnahmen bedeutet für viele Mitarbeiter die erste konkrete Veränderung im Rahmen von Gruppenarbeitsprojekten. Die Qualifizierungsmaßnahmen sollten dem Entwicklungsstand der Gruppen und Mitarbeiter entsprechen. In einer falschen Phase eingesetzt verpuffen sonst die aufwendigsten Anstrengungen zur Qualifizierung.

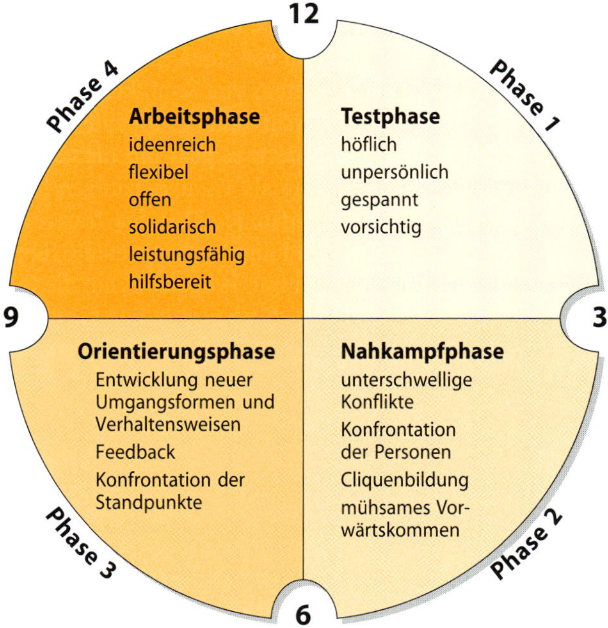

Bild 11: *Wie spät ist es in Ihrem Team?*

Quelle: Haug 1998.

In der Regel lassen sich vier Phasen in der Entwicklung einer Gruppe unterscheiden.

In der ersten Phase (Testphase) sind die Gruppenmitglieder gespannt und vorsichtig. Man beschnuppert sich und geht vorsichtig miteinander um. In dieser Phase kann man nicht erwarten, dass von der Gruppe originelle Vorschläge kommen oder man an bestimmten Tabus rührt.

In dieser Phase sollte die Qualifizierung für spezielle gemeinsame Aufgaben der Gruppe im Vordergrund stehen. Die Gruppe lernt sich dabei kennen und bekommt das Gefühl, dass man die auf sie zukommenden Aufgaben erfolgreich bewältigen kann.

In der zweiten Phase (Nahkampfphase) kommt es typischerweise zu unterschwelligen Konflikten und Konfrontationen zwischen den Personen. Man hat das Gefühl, dass die Gruppe auseinander brechen könnte.

In dieser Phase sollte die Stärkung sozialer Kompetenzen im Vordergrund stehen. Die vorhandenen Konflikte und Konfrontationen sollten in Qualifizierungsblöcken aufgegriffen werden.

In der dritten Phase (Orientierungsphase) werden neue Umgangsformen und Verhaltensweisen entwickelt. Es bilden sich neue Arbeitsstrukturen aus.

Diese Phase sollte besonders durch Methodenqualifizierung unterstützt werden (z. B. Moderation, Konflikttraining etc.). Gleichzeitig kann, z. B. in Form eines Trainer-Trainings, der Startschuss zum Erwerb und zur gruppeninternen Vermittlung der zusätzlich benötigten Fachkompetenzen gegeben werden.

In der vierten Phase (Arbeitsphase) hat die Gruppe maßgebliche Probleme geklärt und kann anfallende Arbeiten mit eingespielten Routinen bearbeiten.

An dieser Stelle sollte die Qualifizierung nicht abgebrochen werden. Es sind Qualifizierungsblöcke einzuplanen, die eine integrierte Form des Weiterlernens ermöglichen.

Checkliste: Qualifizierung für Gruppenarbeit

- Wurde zu Beginn analysiert, welcher Qualifizierungsbedarf besteht?
- Haben die Mitglieder der Gruppen Einfluss auf Inhalt, Art und Weise sowie Zeitpunkt der Qualifizierung?
- Werden auch die indirekt durch Gruppenarbeit betroffenen Mitarbeiter in die Qualifizierung einbezogen?
- Findet die Qualifizierung weit gehend an konkreten Aufgaben der Gruppe statt?
- Übernehmen auch Gruppenmitglieder schrittweise die Aufgabe, Qualifizierungsmaßnahmen durchzuführen?

6 Sieben Säulen der Gruppenarbeit

Damit eine Gruppe die an sie gestellten Qualitäts- und Flexibilitätsanforderungen erfüllen kann, müssen die organisatorischen Strukturen entsprechend angepasst werden.

Dabei sind die sieben Säulen der Gruppenarbeit zu beachten.

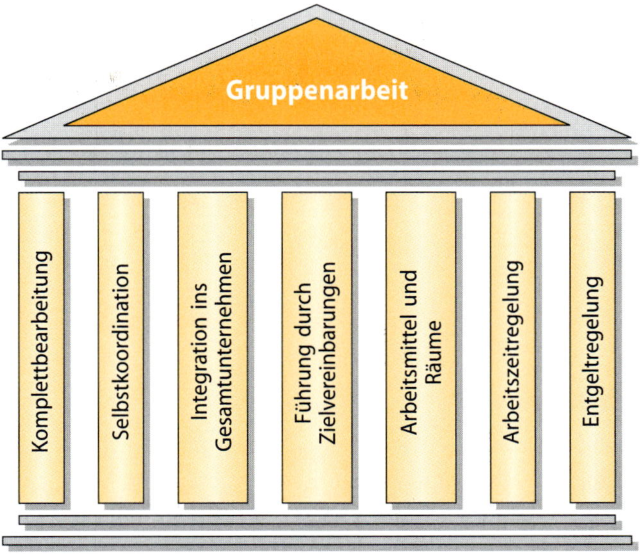

Bild 12: *Säulen der Gruppenarbeit*

Erst alle sieben Säulen zusammen bringen das Gruppenarbeitsgebäude zum Stehen.

Im Einzelnen bestehen die sieben Säulen aus folgenden Prinzipien:

1. Die Arbeitsaufgabe muss so vollständig gestaltet werden, dass die Gruppe diese komplett bearbeiten kann.
2. Die Gruppe sollte über ausreichend Planungs- und Entscheidungskompetenzen verfügen, um den Arbeitsprozess selbst zu gestalten.
3. Die vor-, neben- und nachgelagerten Bereiche sollten so angepasst werden, dass die Gruppe ihre Aufgaben optimal verrichten kann.
4. Die Führungs- und Leitungsstrukturen sollten auf Führung durch Zielvereinbarung umgestellt werden.
5. Die technischen und räumlichen Gegebenheiten müssen ein optimales Zusammenwirken der Gruppe ermöglichen.
6. Die Arbeitszeitregelung muss ausreichend Flexibilität der Gruppe bei der Auftragsbearbeitung gewährleisten.
7. Die Entgeltregelung muss den Gruppenarbeitsgedanken unterstützen.

6.1 Komplettbearbeitung: Ganzheitlichkeit des Aufgabenspektrums

WORUM GEHT ES?

Die komplette Abarbeitung eines Auftrages durch eine Gruppe steht im Mittelpunkt der Gruppenarbeit. Eine Gruppe führt *alle* Bearbeitungsvorgänge zur Erstellung eines Produktes oder eines Teilproduktes durch. Erst diese Komplettbearbeitung eines Auftrages schafft die Voraussetzung dafür, dass die Gruppe für die Einhaltung von Termin-, Qualitäts- und Produktivitätszielen verantwortlich gemacht werden kann, weil die Zielerreichung tatsächlich von ihr beeinflussbar ist.

Die komplette Bearbeitung einer umfassenden Gruppenaufgabe legt nahe, dass auch vorbereitende, organisierende, ausführende und kontrollierende Tätigkeiten in die Gruppe verlagert werden (siehe S. 57 Selbstkoordination).

Selbstverständlich müssen nicht alle Bearbeitungsvorgänge und Einzelaufgaben innerhalb der Gesamtaufgabe von jedem Mitglied der Gruppe beherrscht werden. Komplettbearbeitung durch eine Gruppe heißt nicht „jedes Gruppenmitglied kann alles“.

Nicht alle Mitarbeiter haben Interesse und sind in der Lage, alle Aufgaben einer Gruppe zu beherrschen. Häufig ist es sinnvoll und notwendig, in einer Gruppe unterschiedliche Fachkompetenzen zusammenzuführen.

Wichtig ist allerdings, dass durch die Gruppe als Ganzes alle Einzelaufgaben abgearbeitet werden können und dass für alle Gruppenmitglieder der Zusammenhang der Einzelaufgaben klar ist – damit z. B. Qualitätsverbesserungen und Ablaufoptimierungen zwischen den Prozessschritten möglich werden.

WAS BRINGT ES?

Die Vollständigkeit der Gesamtaufgabe ist ausschlaggebend für das mögliche Ausmaß an Autonomie der Gruppe.

Durch die Übernahme der Verantwortung für die Bearbeitung eines kompletten Produktes oder Teilproduktes kann die Anzahl der Schnittstellen in der Organisation verringert werden.

Dadurch lassen sich der Zeitaufwand für Planung und Koordination verringern, kürzere Durchlaufzeiten erreichen, Zeitspielräume herstellen und Handlungs- und Entscheidungsspielräume erweitern.

Die Vollständigkeit einer Gesamtaufgabe wirkt sich positiv auf Qualität und Qualifikation aus, da unmittelbare Rückmeldungen über die Konsequenzen eigener Planungen, über den Arbeitsfortschritt und das Arbeitsergebnis stattfinden.

WIE GEHE ICH VOR?

Bei der Gestaltung einer vollständigen Gruppenaufgabe sollte immer das Produkt, das durch die Gruppe erstellt wird, im Vordergrund stehen. Die Leitfrage lautet also: Welches Produkt, welches Teilprodukt oder welche Dienstleistung soll durch die Gruppe geliefert werden?

Bei der Definition der Gruppenaufgabe sollten die zukünftigen Mitglieder der Gruppe möglichst frühzeitig beteiligt werden. Planungsfehler in dieser Phase wirken sich erfahrungsgemäß negativ auf das gesamte System der Gruppenarbeit aus.

Bei der Bestimmung der Produkte, der Teilprodukte oder Dienstleistungen, die durch die Gruppe erbracht werden sollen, sind erfahrungsgemäß Einschränkungen zu beachten.

Probleme bei der Übertragung der kompletten Bearbeitung einer Aufgabe an eine Gruppe

Geringere Auslastung teurer Arbeitsmittel

Die Arbeitsmittel, die einer Gruppe zur Verfügung stehen, können manchmal nicht alleine durch diese Gruppe ausgelastet werden. Das ist gerade bei teuren Maschinen ein Problem. Bei der Bildung von Arbeitsgruppen besteht in begrenztem Rahmen die Möglichkeit, Arbeitsmittel mit einer geringen Gesamtauslastung zwischen mehreren Gruppen zu teilen. Häufig ist jedoch die Verringerung von Schnittstellen insgesamt kostenmäßig günstiger als die Nutzung hochproduktiver, aber zentraler Arbeitsmittel.

Räumliche Begrenzungen

Es ist sinnvoll, dass die Gruppenmitglieder in einem Raum zusammenarbeiten. Manchmal ist es jedoch schwierig, alle Mitarbeiter in einem Raum zusammenzuführen. In diesem Fall sollte besonders viel Wert auf die Definition von Regelkommunikation und Spielregeln zwischen den Gruppenmitgliedern gelegt werden.

Umgang mit Qualifikationen, die selten nachgefragt werden

Manchmal kommt es vor, dass bestimmte zur Erledigung der Gesamtaufgabe nachgefragte Qualifikationen nicht einen kompletten Arbeitsplatz rechtfertigen. In diesem Fall sollte die entsprechend qualifizierte Person andere Aufgaben in der Gruppe mitübernehmen.

Rechtliche Beschränkungen

Einige Aufgaben dürfen nur durch bestimmte ausgebildete Fachkräfte durchgeführt werden. Es gibt z. B. Elektroarbeiten, die nur durch geschulte Facharbeiter ausgeführt werden dürfen. Dies beschränkt erfahrungsgemäß die Einsatzflexibilität in den Gruppen.

Nachdem das Produkt, Teilprodukt oder die Dienstleistung definiert wurde, das durch die Gruppe vollständig hergestellt bzw. erbracht werden soll, müssen die Einzelaufgaben bestimmt werden, aus denen die Gesamtaufgabe besteht. Es geht darum, die einzelnen Arbeitsschritte zu definieren, die zur kompletten Bearbeitung eines Auftrages durch die Gruppenmitglieder beherrscht werden müssen.

Dann wird festgelegt, welches Gruppenmitglied welche Einzelaufgabe beherrscht. Dafür bietet sich erfahrungsgemäß ein Qualifizierungsspiegel an. Auf diesem Qualifizierungsspiegel kann vermerkt werden, welcher Mitarbeiter welche Einzelaufgaben beherrscht, in welchen Einzelaufgaben er noch qualifiziert werden muss, welche Einzelaufgaben er noch erlernen will und bei welchen Einzelaufgaben kein Qualifizierungsbedarf besteht.

Dabei ist es nicht nötig, dass jeder Mitarbeiter alles kann, aber er sollte alle Aufgaben und Arbeitsabläufe kennen. Ferner muss sichergestellt werden, dass auch beim Ausfall eines Mitarbeiters jede Einzelaufgabe durch die Gruppe bewältigt werden kann.

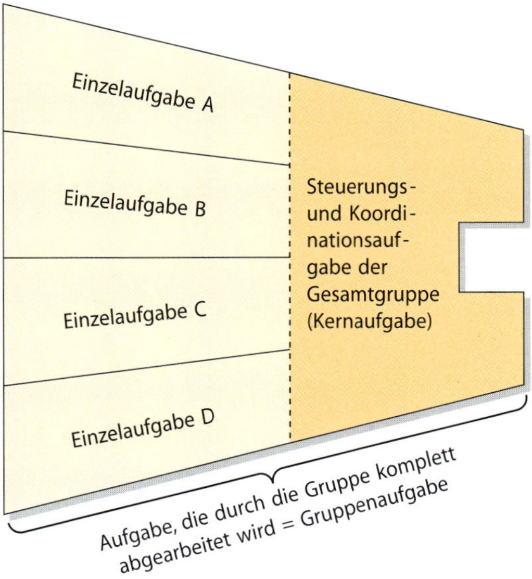

Bild 13: *Einzelaufgabe und Gruppenaufgabe*

Checkliste: Was muss eine Gruppe bei der Zuweisung von Einzelaufgaben beachten?

- Eine breite Verteilung der anfallenden Aufgaben und mehrfache Zuordnung gleicher Aufgaben entsprechend der erforderlichen Flexibilität ist anzustreben.
- Neben der Verteilung der Aufgaben sind verschiedene Rollen zu definieren wie die des Gruppensprechers, der Zuständigen für Ausbildung etc.
- Lücken in der Aufgabenverteilung sollten vermieden werden.
- Unangenehme Aufgaben sollten gemeinsam bzw. im Wechsel übernommen werden. Wenn sie an einzelnen Gruppenmitgliedern „hängen bleiben", dann sollten diese belohnt (und nicht noch durch niedrige Eingruppierung bestraft) werden.

6.2 Selbstkoordination: Gemeinsame Planung und Entscheidung

WORUM GEHT ES?

Zentraler Bestandteil der Gruppenaufgabe ist die *gemeinsame* Durchführung von Planungs-, Entscheidungs- und Kontrollprozessen (Kernaufgabe) durch die Gruppe. Nur durch die Übernahme solcher Aufgaben kann sich die Gruppe selbst koordinieren.

Planungs- und Entscheidungskompetenzen der Gruppe sind zum Beispiel:

- Reihung von Aufträgen im Rahmen des Planungshorizontes

- Koordination der Bearbeitungsschritte an den einzelnen Maschinen oder an den einzelnen Arbeitsplätzen
- Personaleinsatz, Personalplanung und Qualifizierung
- Qualitätskontrolle und Verbesserung der Qualitätsstandards
- technologische Fragen
- gemeinsame Nutzung und Verwaltung von Betriebsmitteln und Auftragsunterlagen

WAS BRINGT ES?

Das Bewusstsein einer gemeinsamen Aufgabe und die Orientierung auf deren gemeinsame Bearbeitung sind wichtig für den Zusammenhalt in der Gruppe. Prozessnahes Erfahrungswissen verbessert die Planungs- und Entscheidungsqualität.

Gemeinsam erarbeitete Lösungen werden besser mitgetragen als Entscheidungen von Einzelnen.

Eingespielte Gruppen zeigen sich kreativer und effizienter im Umgang mit Problemen als Einzelpersonen.

WIE GEHE ICH VOR?

Für eine wirkungsvolle Selbstkoordination sollten folgende Bedingungen erfüllt sein:

- Die Gruppe braucht geklärte Ziele und transparente Rahmenbedingungen.
- Die Gruppe braucht Handlungsspielräume z. B. bei der Verteilung von Arbeitszeiten, Auftragsreihenfolge und bei der Schichtplanung.
- Die Gruppe muss fachlich in der Lage sein, sich selbst zu koordinieren.

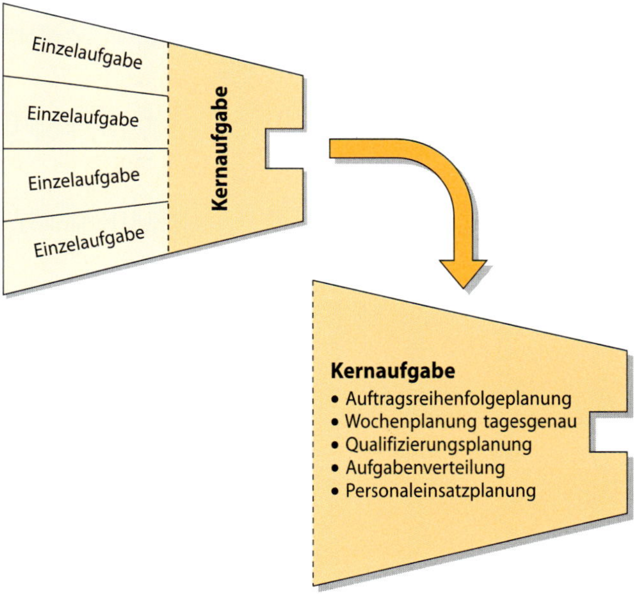

Bild 14: *Steuerungs- und Koordinationsaufgabe der Gruppe (Kernaufgabe)*

- Die Gruppe braucht aktuelle Informationen über die relevanten Einflussgrößen.

Es ist wichtig, dass die Selbstkoordination nicht von einem Gruppenmitglied, z. B. dem Gruppensprecher, alleine gemacht wird. Er würde schnell in die Rolle eines Vorarbeiters hineingleiten. Die Selbstkoordination sollte durch alle Mitglieder der Gruppe gemeinsam vorgenommen werden.

Ein großer Teil von Entscheidungen, zum Beispiel über Auftragsreihenfolge und Verwaltung von Betriebsmitteln, kann im laufenden Arbeitsprozess getroffen werden.

Darüber hinaus ist es wichtig, dass an einem festen Ort regelmäßige Gruppengespräche geführt werden.

Diese Gruppengespräche bringen bedeutende Vorteile mit sich.

- Es ergibt sich eine gewisse Distanz zum normalen Arbeitsprozess. Es ist eher möglich, nicht nur aktuell zu reagieren, sondern auch auszuwerten und vorauszudenken.
- Informationen können zwischen den Gruppenmitgliedern gezielt weitergegeben werden.
- Es besteht die Möglichkeit, jemanden gezielt von außen (Kunde, Führungskraft, Berater) zur Lösung spezifischer Probleme hinzuzuziehen.
- Die ganze Gruppe kann in den Diskussions- und Entscheidungsprozess einbezogen werden.

Wichtig ist, dass die Entscheidungen der Gruppe dokumentiert werden. Dabei sollten folgende Prinzipien beachtet werden:

- für alle Gruppenmitglieder lesbar,
- für alle Gruppenmitglieder schnell erreichbar,
- für Außenstehende nur begrenzt einsehbar,
- effizientes System zur Übermittlung von Informationen an Vorgesetzte und Nachbargruppen,
- technisch wenig aufwendige Visualisierungsverfahren verwenden (z. B. Flip-Charts, Stelltafeln).

Checkliste: Gemeinsame Selbstkoordination der Gruppe

- Gehört es zur Aufgabenstellung der Gruppe, dass sie sich gemeinsam steuert?
- Gibt es zur Selbststeuerung vereinbarte Spielregeln?
- Ist die Übertragung von Selbststeuerungsaufgaben auf einzelne Gruppenmitglieder von der Gruppe akzeptiert?
- Ist Kompetenzbildung zur Selbststeuerung fester Bestandteil der Gruppenqualifizierung und Teamentwicklung?

6.3 Integration ins Gesamtunternehmen

WORUM GEHT ES?

Wenn das gesamte Potential an Effizienz- und Qualitätsverbesserungen durch Gruppenarbeit ausgeschöpft werden soll, dann darf die Umstrukturierung zur Arbeit in Gruppen keinesfalls als ein vom betrieblichen Gesamtzusammenhang losgelöstes Vorhaben angesehen werden. Die Gruppe muss als Bestandteil des integrierten Qualitätsmanagements fester Bestandteil der Aufbau- und Ablauforganisation des Gesamtunternehmens sein.

Hierzu müssen alle Schnittstellen, deren Reduzierung ja ein Grund für die Einführung von Gruppenarbeit ist, aktiv mitgestaltet werden. Durch die Integration vieler vorbereitender, organisierender und kontrollierender Funktionen in die Gruppe müssen die Aufgaben übergeordneter, neben- und nachgelagerter Bereiche neu definiert werden.

Die Beziehung zwischen Gruppe und Umfeld, also Formen, Organisation und Spielregeln für Information, Kooperation, Koordination und Führung müssen neu bestimmt werden.

WAS BRINGT ES?

Die volle Einbindung der Gruppen in die Abläufe des Gesamtunternehmens machen Gruppen- und Teamarbeit als Regelarbeitsform im Unternehmen überhaupt erst möglich.

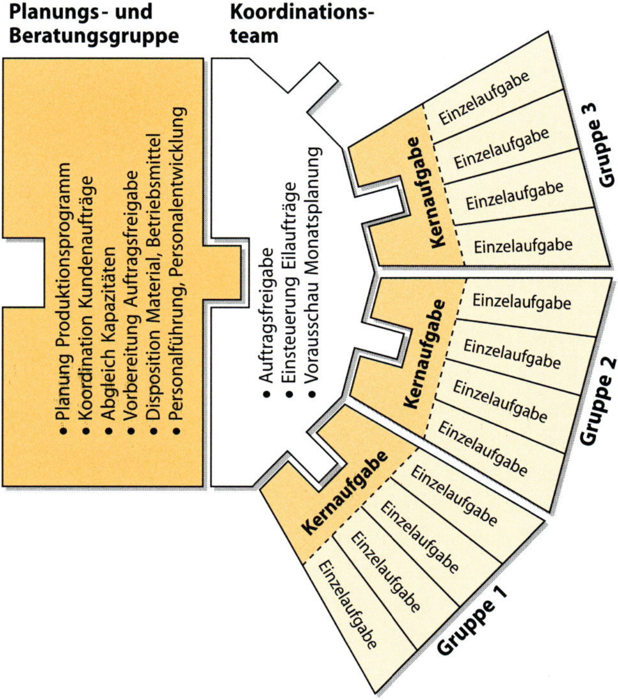

Bild 15: *Integration der Gruppe ins Gesamtunternehmen*

Erfolgt diese Einbindung nicht, besteht die Gefahr, dass die Gruppen – vor allem im wertschöpfenden Bereich – immer ein Fremdkörper in der betrieblichen Organisation bleiben. Die wirklich wichtigen Entscheidungen würden auf anderen Wegen fallen. Die Gruppen könnten sich neuen Anforderungen nicht anpassen. Meist unausweichliche Folge dieser Situation ist das Absterben der Aktivitäten in der Gruppe.

WIE GEHE ICH VOR?

Als erstes ist zu bestimmen, welche Aufgaben durch die Gruppen und welche durch Zentralbereiche erledigt werden. Dabei ist es möglich, einzelne Kompetenzen schrittweise in die Gruppen zu verlagern.

Danach sollten die neu entstandenen Schnittstellen definiert werden und Spielregeln für die Kooperation zwischen den teilautonomen Bereichen vereinbart werden.

Dabei sollten bestimmte Aspekte beachtet werden:

- Gerade in Bezug auf die direkten Vorgesetzten muss es klare Festlegungen über die Entscheidungsspielräume und Grenzen der Autonomie der Gruppe geben. Dabei sollte vor allem zwischen Regelentscheidungen und Bedingungen für Ausnahmen differenziert werden.
- Zur Abwicklung von Aufträgen muss für jede Gruppe klar sein, welche Rahmenbedingungen z. B. bei Verzug von Zulieferern, bei Defekten von Arbeitsmitteln oder unvorhergesehenen Personalengpässen gelten.
- Spielregeln für Information, Kooperation, Koordination und Führung zwischen den Gruppen und dem Umfeld müssen neu definiert werden.

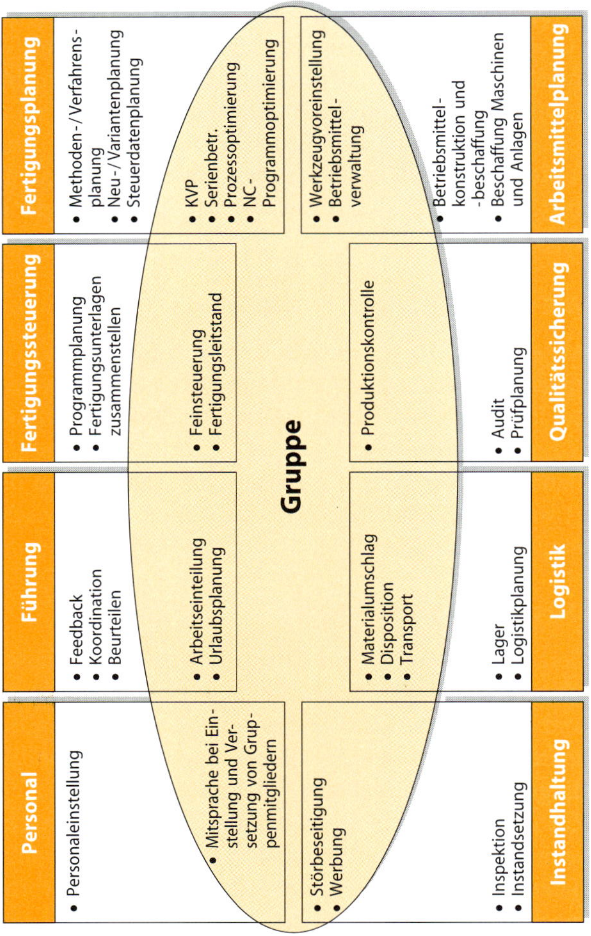

Bild 16: *Arbeitsteilung zwischen teilautonomer Gruppe und Zentralbereichen*

Quelle: YMOS AG.

- Die unterstützenden Funktionen für die Gruppen im Bereich der Planung, Steuerung und Personalführung sollten in räumlicher Nähe zur Gruppe zusammengezogen werden.
- Die Arbeitsteilung zwischen Gruppen und den Zentralbereichen sollte grafisch dargestellt werden.
- Die Teilnahme der Gruppen durch von ihr bestimmte Vertreter an mittelfristigen Planungen muss sichergestellt werden.
- Es müssen klare Termin- und Qualitätsziele vereinbart werden, anhand derer die Gruppen ihre Feinplanungs- und Steuerungsentscheidungen treffen können. Dabei sind besonders die dafür erforderlichen Voraussetzungen zu berücksichtigen.

Praxisbeispiel Produktionsgruppe: Vereinbarungen zur Zusammenarbeit an der Nahtstelle zur übergeordneten Planung

1. Ausgehandelte Auftragspakete

Die Gruppe erhält in regelmäßigen Abständen ein Auftragspaket mit vereinbarten Eckterminen, das ihr die Möglichkeit eröffnet, vorausschauend zu arbeiten und die eigenen internen Abläufe (Abfolge der Aufträge, Personalbedarf/Arbeitszeit, Koordination der Arbeitsschritte in der Gruppe etc.) in eigener Termin- und Qualitätsverantwortung selbst zu planen und zu steuern. Jedes Auftragspaket wird als Einplanungsvorschlag an die Gruppe übergeben, die darauf mit Korrekturen und Änderungsvorschlägen reagieren kann. Diese sollten in einem regelmäßigen Werkstattkoordinationsgespräch zwischen dem werkstattnahen Führungspersonal und Vertretern der Werkstattgruppen in die Planungen eingearbeitet werden.

2. „Spielregeln" für Modifikationen des Auftragspaketes

Das ausgehandelte Auftragspaket unterliegt Änderungen, z.B. durch Eilaufträge. Diese sollten in einem direkten Abstimmungsprozess mit den Arbeitsgruppen vorgenommen werden, wobei zuvor ausreichende Einplanungsspielräume für das erwartbar hinzutretende Arbeitsvolumen sowie klare „Spielregeln" für den Abstimmungsprozess zu vereinbaren sind.

3. Verfügungsrecht über interne Daten

Die Produktionsinsel-Arbeitsgruppen haben volles Verfügungsrecht über ihre internen Planungs- und Rückmeldedaten. Sie müssen ihre eigene interne Auftragsreihung, Maschinenbelegung, Aufgabenverteilung etc. nur dann nach außen melden, wenn Terminketten, Lieferbeziehungen und gemeinsam mit anderen genutzte Ressourcen davon berührt sind.

6.4 Führen mit Zielen

WORUM GEHT ES?

Der Entscheidungsspielraum der Mitarbeiter wird durch Gruppenarbeit erweitert. Von Strukturen, in denen die Vorgesetzten – bestenfalls nach Rücksprache mit ihren Mitarbeitern – allein entscheiden, soll zu Strukturen übergegangen werden, in denen die Mitarbeiter über Fragen ihrer alltäglichen Arbeitsorganisation selbst entscheiden.

Durch Gruppenarbeit verändern sich deshalb die Kontroll-, Entscheidungs- und Führungsstrukturen im Unternehmen:

- An die Stelle von detaillierter Kontrolle des Arbeitsprozesses durch die Führungskraft tritt eine Kontrolle des Ergebnisses.

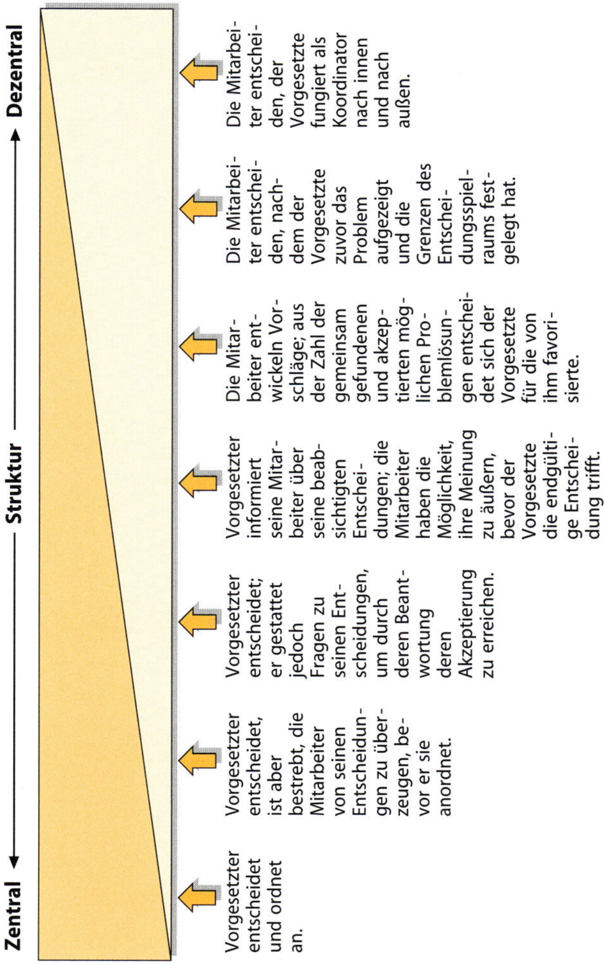

Bild 17: *Veränderte Rolle von Führungskräften*

Quelle: REFA 1991.

- An die Stelle von differenzierter und kontrollierter Informationsweitergabe zur Aufgabenerfüllung tritt allgemeine Informiertheit und Einbeziehung der Mitarbeiter.

In der Gruppenarbeit wird Führung nicht abgeschafft, aber die Rolle der Führungskräfte verändert sich grundlegend. Die Führungskräfte geben nicht mehr direkte Anweisungen, wie bestimmte Aufgaben zu erledigen sind. Sie definieren nach Absprache mit der Gruppe Produktivitäts-, Qualitäts- und Terminziele, kontrollieren deren Erreichung und unterstützen bei der Zielerreichung. Sie führen über Zielvorgaben und Zielvereinbarungen.

Aufgaben der Führungskraft bisher	→	und heute bei Gruppenarbeit
• Überwachung des Arbeitsablaufs • Fachspezialist • Terminjäger • Personaleinsatzplaner • Abteilungsbezogener Arbeitseinteiler • Problemlöser • Gesprächspartner für die ***einzelnen*** Mitarbeiter • Herr über Urlaub und Freizeit		• Unterstützung der sich selbststeuernden Gruppen • Anforderungen formulieren • Wissen und Informationen weitergeben • Für Orientierung sorgen • Für Ergebnisbilanz und Rückmeldung sorgen • Personalentwicklung fördern • Zusammenarbeit zwischen Gruppen fördern • Neuanläufe unterstützen • Qualifizierungsprozess planen und mit Gruppen umsetzen

Bild 18: *Beispiele für die geänderte Rolle der Führungskraft*

Durch diese Umstellung von Verhaltenskontrolle auf Ergebniskontrolle verändert sich das Aufgabenspektrum in verschiedenen Bereichen. Die Planung der Auftragsbearbeitung und des Personaleinsatzes wird zu einem geringeren Teil Aufgabe der Führungskraft. Dafür nehmen andere Aufgaben wie Unterstützung bei der Qualifizierung, Information der Gruppen über die Unternehmensentwicklung und Optimierung von Randbedingungen zu.

WAS BRINGT ES?

Die Steigerung der Autonomie der Gruppen verringert die Möglichkeiten und Notwendigkeiten für eine detaillierte Steuerung der einzelnen Mitarbeiter durch die Führungskräfte. Die Führungskräfte können sich demgegenüber auf Aspekte der Unterstützung, der Strategieentwicklung und der Verbesserung von Rahmenbedingungen konzentrieren.

Zentral ist jedoch, dass mit den Gruppen spezifische, messbare, anspruchsvolle, aber realistische und terminlich klar fixierte Ziele vereinbart werden. Durch ein unternehmensweites Zielsystem, das auf die einzelnen Gruppen heruntergebrochen wird, können die einzelnen Einheiten koordiniert werden. Die Gefahr, dass sich einzelne Einheiten wider das Gesamtinteresse des Unternehmens entwickeln, kann so verringert werden.

Durch Zielvereinbarungen und deren Kontrolle sind Rückmeldungen über Erfolg und Misserfolg der durchgeführten Maßnahmen möglich. Notwendige Zieländerungen können frühzeitig erkannt und etwaige Zielkonflikte zwischen den einzelnen Einheiten bemerkt werden.

Durch die Berücksichtigung der zur Zielerreichung erforderlichen, noch zu schaffenden Voraussetzungen und Rahmenbedingungen kann der Zielvereinbarungsprozess zur Risikoanalyse, zum Aufbau eines „Frühwarnsystems“ und zur Entwicklung eines Problemspeichers mit entsprechender Maßnahmeplanung genutzt werden.

WIE GEHE ICH VOR?

Es ist die Aufgabe der Führung, aus den langfristigen Strategien Ziele für das Gesamtunternehmen zu formulieren und diese Ziele auf die einzelnen Einheiten herunterzubrechen. Die Gruppen werden also mit Anforderungen, Zielvorgaben und Zielvorschlägen für die eigenen Abteilungen, Sparten, Segmente oder Profitcenter konfrontiert. Die Formulierung von Zielen für die Abteilung, die Sparte, das Segment oder Profitcenter kann demzufolge nicht Aufgabe der Gruppe sein.

Die Gruppen sollten gemeinsam mit ihren direkten Führungskräften Vorschläge erarbeiten, mit welchen Gruppenzielen die Ziele der eigenen Abteilung insgesamt erreicht werden können. Inhalt dieser Gespräche ist also die Vereinbarung von Teilzielen, Rahmenbedingungen, Voraussetzungen und Messgrößen zur Erreichung der Ziele der eigenen Einheit.

Checkliste: Ziele für Gruppen müssen SMART sein

- Ziele müssen **S**elbst beeinflussbar sein von den Betroffenen
- Ziele müssen **M**essbar sein und kontrolliert werden
- Ziele müssen **A**nspruchsvoll sein
- Ziele müssen **R**ealistisch sein
- Ziele müssen **T**erminbezogen sein (auf einen konkreten Zeitraum bezogen)

Zielvorgaben und Zielvereinbarungen sind sorgfältig zu unterscheiden. Die Gruppenziele sind mit den übergeordneten Gesamtzielen abzustimmen – dort, wo die aus den strategischen Anforderungen ans Unternehmen abgeleiteten

Abteilungsziele zur Disposition gestellt werden sollen, endet der Handlungs- und Entscheidungsspielraum der Gruppen. Zum Beispiel kann die Gruppe nicht festlegen, dass die Kunden eine längere Lieferzeit gegenüber einem Wettbewerber akzeptieren müssen. Sie kann und muss im Zielvereinbarungsprozess aber darauf Einfluss nehmen, dass die Voraussetzungen für die kurze Lieferzeit geschaffen und abgesichert werden.

Beim Führen mit Zielvorgaben und Zielvereinbarungen ist das Festlegen der Ziele nur der erste Schritt. Um das System mit Leben zu erfüllen, muss unbedingt verhindert werden, dass die Ziele nur einmal im Jahr, nämlich bei ihrer Festlegung, eine praktische Rolle spielen.

Das gemeinsame Auswerten des gegenwärtigen Erfüllungsstandes der vereinbarten Ziele muss tägliche Führungspraxis werden. Dazu müssen festgelegte Termine zwischen der Gruppe oder ihren Vertretern und der Führung existieren. Hier können auch Anpassungen von Zielen oder Veränderungen von Prioritäten besprochen werden.

Der Kontrollprozess gibt Rückmeldungen über Erfolg von durchgeführten Maßnahmen, deckt notwendige Zieländerungen auf und lässt frühzeitig die fehlende Zielorientierung einzelner Gruppen erkennen.

Checkliste: Führen durch Zielvereinbarungen

- Gibt es klare Ziele für die Aufgabenerledigung der Gruppe hinsichtlich Termin, Qualität und Kosten?
- Sind die Ziele vorgegeben, nach Zielforderung der Leitung „vereinbart“ oder selbst gesetzt?

- Sind die Gruppenziele aus den Unternehmens- und Abteilungszielen abgeleitet?
- Sind sie mit den Zielen der Gruppen abgestimmt, die im Geschäftsprozess vor-, nach- und nebengelagerte Aufgaben zu erfüllen haben?
- Gibt es sowohl Ziele fürs „laufende Geschäft" als auch Ziele für Gruppenentwicklung und Prozessverbesserung?
- Hat die Gruppe bestimmenden Einfluss auf die Zielerreichung, oder ist sie von nicht selbst beeinflussbaren Voraussetzungen abhängig?
- Sind die Ziele messbar und mit Kennzahlen belegt?
- Gibt es eine regelmäßige Selbst- und Fremdbewertung hinsichtlich der Zielerreichung?
- Besteht Transparenz über die Leistungsbeiträge der Gruppe im Gesamtprozess des Bereichs und des Unternehmens?
- Werden Ziele und Zielerreichung angemessen sichtbar gemacht?
- Wird der Zielvereinbarungsprozess in der Gruppe weitergeführt, um Gruppenziele und individuelle Ziele aufeinander abzustimmen?

6.5 Arbeitsmittel und Räume für die Gruppen

WORUM GEHT ES?

Neue Aufgaben erfordern bisweilen auch neue Ausstattungen. Für die Gruppen sollten bei Arbeitsmitteln und Räumlichkeiten möglichst optimale Rahmenbedingungen geschaffen werden.

Die Arbeitsmittel und Räume müssen eine reibungslose und effiziente Erledigung der gesamten Gruppenaufgabe ermöglichen und einen klaren und überschaubaren Material- und Informationsfluss gewährleisten.

Bestimmte Prinzipien haben sich bewährt:

„Eigene Werkzeuge, Maschinen und Computer“
Alle zur Komplettbearbeitung benötigten Betriebsmittel müssen in einem klar abgegrenzten, nur von der Gruppe genutzten Bereich zur Verfügung stehen.

„Sicht-, Sprech- und Griffweite“
Die Arbeitsplätze und Betriebsmittel der Gruppe sollten so angeordnet werden, dass die Gruppenmitglieder schnell darauf zurückgreifen können, ein Sichtkontakt zwischen ihnen besteht und bei Problemen schnell Kontakt aufgenommen werden kann.

„Marktplatz“
Es bietet sich an, einen zentralen Platz zu schaffen, an dem wichtige, gemeinsam zu nutzende Arbeitsmittel und Informationstafeln angeordnet werden.

„Der Gruppenraum gehört der Gruppe“
Die Gruppe sollte über einen Gruppenraum in unmittelbarer Nähe zu ihrem Arbeitsplatz verfügen. Dieser Raum sollte idealerweise nur von der Gruppe benutzt werden.

„Tür auf und rein“
Die Führungskräfte und die vorgelagerten indirekten Bereiche müssen in unmittelbarer Nähe zur Gruppe und unmittelbar ansprechbar sein.

WAS BRINGT ES?

Durch die gruppengerechte Gestaltung von Arbeitsmitteln und Räumlichkeiten können die Mitarbeiter den funktionalen Zusammenhang zwischen den einzelnen Arbeitsschritten und dem zu erstellenden Gesamtprodukt verstehen.

Durch die Verfügbarkeit über eigene Arbeitsmittel und Räume können die Mitarbeiter den Material- und Informationsfluss selbst mitgestalten.

Eigene Werkzeuge, Maschinen und Computer sowie eigene, genau definierte Räumlichkeiten der Gruppe ermöglichen die klare Abgrenzung des Tätigkeitsbereichs nach außen und fördern das Zusammengehörigkeitsgefühl der Gruppe.

Die gruppengerechte Anordnung von Arbeitsmitteln ermöglicht den persönlichen Kontakt von zusammenarbeitenden Mitarbeitern und führt zu kurzen Regelkreisen innerhalb der Gruppe.

WIE GEHE ICH VOR?

Als erstes sollte definiert werden, welche Arbeitsmittel und Räumlichkeiten eine Gruppe benötigt. Um jede Gruppe in die Lage zu versetzen, ohne Schnittstellen ihre Produkte zu erzeugen, muss in der Regel eine geringere Auslastung von Maschinen und anderen Betriebsmitteln in Kauf genommen werden. Diese Kosten werden jedoch in den meisten Fällen durch kürzere Durchlaufzeiten und höhere Flexibilität mehr als wettgemacht.

Die gemeinsame Nutzung selbst von teuren Maschinen durch zwei oder mehr Gruppen sollte möglichst vermieden werden, wird sich aber in manchen Fällen nicht vermeiden lassen. In solchen Fällen sollte es genaue Spielregeln über die Wartung der Betriebsmittel und über Entscheidungen in Konfliktfällen geben.

Ist eine eindeutige Zuordnung von Arbeitsmitteln nicht möglich, sollten Dienstleisterbeziehungen zwischen den Gruppen aufgebaut werden. Dann gehört es zur Aufgabe einer Gruppe, Dienstleistungen für eine andere Gruppe zu erbringen.

Als Nächstes ist es notwendig, die Maschinen, Computer und andere Arbeitsmittel nach dem Prinzip eines klaren und eindeutigen Materialdurchlaufs und den Prinzipien der „Sicht-, Sprech- und Griffweite“ anzuordnen. Gerade im produzierenden Bereich sind dafür oftmals umfangreiche Umzüge und Maschinenumstellungen notwendig. Die Erfahrung hat gezeigt, dass diese Investitionen sich auszahlen, da die Umstellungen die Veränderungen in der betrieblichen Ablauforganisation für jeden Mitarbeiter handgreiflich erfahrbar machen.

EDV-Systeme als Werkzeug für die Selbststeuerung einer Gruppe

- müssen wegen der unterschiedlichen Anforderungen hinsichtlich Einsatzumgebung und Anwenderqualifikation zumeist spezifisch konfiguriert werden,
- sollten einen „Datenschutz für die Gruppe“ durch Möglichkeiten zur Abgrenzung zwischen gruppeninternen und allgemein zugänglichen Daten gewährleisten,
- dürfen nicht direkte Kommunikation durch Datentransfer ersetzen und
- sollten nicht die alte Arbeitsteilung zementieren.

Möglichst für alle Mitarbeiter sollte ein „Marktplatz“ eingerichtet werden, an dem Unterlagen, wichtige gemeinsame Arbeitsmittel und relevante Informationen verfügbar sind.

Neben dem Marktplatz sollte die Gruppe einen für sie nutzbaren Gruppenraum besitzen. Zu warnen ist dabei vor einer Kopplung von Gruppen- und Pausenraum, da es den Charakter von „Die Gruppensitzung ist Arbeit“ unterhöhlt.

Die Gruppenräume sollten nur von den Gruppen selbst benutzt werden, da dann in den Räumen auch gruppeninterne Dinge (z. B. im Teamtraining vereinbarte Spielregeln oder offene Probleme) sichtbar hängen bleiben können. Dass Gruppenräume – gerade im Werkstattbereich – eine beeinträchtigungsfreie Kommunikation (Klima, Lärm, Staub) erlauben müssen, ist eine wichtige Bedingung für das Gelingen der Gruppenarbeit.

Checkliste: Arbeitsmittel und Räumlichkeiten

- Verfügt die Gruppe über einen klar abgegrenzten, nur von ihr genutzten räumlichen Bereich?
- Sind in diesem Bereich alle zur Erledigung der Gruppenaufgaben benötigten Betriebsmittel zusammengefasst?
- Kann die Gruppe mit den zur Verfügung stehenden Betriebsmitteln die Aufträge komplett bearbeiten?
- Sind die Arbeitsplätze in Sicht-, Sprech- und Griffweite angeordnet?
- Gibt es für den Informationsaustausch und die gemeinsamen Planungs- und Steuerungsaktivitäten einen Besprechungsraum?
- Sind die direkten Vorgesetzten und die zugeordneten Fachfunktionen leicht ansprechbar („Tür auf und rein“)?
- Fördern die Arbeitsmittel in ihrer Anordnung und in ihrem gegenwärtigen Zustand eine reibungslose Erledigung der Gruppenaufgaben?

6.6 Arbeitszeit

WORUM GEHT ES?

In der Gruppenarbeit teilen sich die Gruppen selbst ein, wie sie ihre Aufgaben erledigen. In den klassischen, rigiden Arbeitszeitsystemen hätten sie jedoch für die Einteilung ihrer Arbeitszeit lediglich einen geringen Spielraum.

Deswegen müssen Arbeitszeitsysteme an die Gruppenarbeit angepasst werden. Dauer und Lage der täglichen Arbeitszeiten sollten Gegenstand der Selbststeuerung der Gruppe im Rahmen der vereinbarten Prozess- und Ergebnisziele werden.

Anwesenheit oder Personalverfügbarkeit ist dabei kein Selbstzweck – es geht um das Erreichen der Arbeitsergebnisse im festgelegten Terminrahmen.

Um die Einführung flexibler Arbeitszeiten aber nicht nur zu einem Mittel des Unternehmens zum Ausgleich von Auslastungsschwankungen zu machen, müssen die Gruppen die Möglichkeit haben, neben den Flexibilitätsinteressen des Betriebes auch die persönlichen Zeitbedürfnisse der Mitarbeiter zu berücksichtigen.

WAS BRINGT ES?

Durch die Einführung eines gruppengerechten Arbeitszeitmodells wird die Erreichung des Arbeitsergebnisses im festgelegten Zeitrahmen als wesentliches Ziel betont und der Handlungs-, Entscheidungs- und Zeitspielraum der Gruppe gesichert.

Aus der Sicht der Unternehmensführung hat eine selbstbestimmte Arbeitszeit den Vorteil, dass eine Pufferung von Auftragsschwankungen einfacher wird. Außerdem verringern sich die Qualitätsmängel durch abgebrochene und am nächsten Tage wieder aufgenommene Arbeitsaufgaben.

Die Ausdehnung der Handlungsfreiheit der Gruppen auch auf die Urlaubs- und Arbeitszeitplanung wird von den Mitarbeitern als wichtiger Schritt zur Verbesserung der eigenen Arbeitssituation erlebt. Klassische Konflikte zwischen Führungskräften und Mitarbeitern gerade bei der Urlaubs- und Freischichtplanung können entschärft werden.

Die Einführung flexibler Tagesarbeitszeiten und die Übernahme der Schichtplanung wird dagegen oft zwiespältig beurteilt. Einerseits stellt sie einen Gewinn für die persönliche Zeitplanung der Mitarbeiter dar, andererseits wird die Abstimmung mit den Kollegen über die Länge und Lage der täglichen Arbeitszeit als zusätzliche Belastung und potentielles Konfliktfeld empfunden.

WIE GEHE ICH VOR?

Die Einführung eines flexiblen Arbeitszeitsystems sollte den Gruppen Handlungsfreiheiten bei der Erreichung ihrer Ziele eröffnen. Das bedeutet, dass die Neuregelung der Arbeitszeit sinnvollerweise parallel zur Einführung von Zielvereinbarungen erfolgt.

Vor dem Hintergrund von vereinbarten Termin-, Qualitäts- und Kostenzielen und im Rahmen abgestimmter Planzeiten und Zeitbudgets sollte die Gruppe gemeinsam über folgende Fragen entscheiden können:

- Personalplanung
- Personaleinsatz (einschließlich Ausleihe von Mitarbeitern aus anderen Gruppen)
- Schichtplanung
- Kapazitätsbedarf entscheiden

- Lage und Dauer der Arbeitszeiten (Schichtzeiten, Kernzeiten, Bereitschaftszeiten)
- Freizeitausgleich
- Urlaubsplanung

Bei diesen Entscheidungen müssen die Gruppen den Rahmen der gültigen Tarifverträge sowie Betriebsvereinbarungen kennen und beachten.

Den Gruppen müssen ferner Hilfsmittel wie EDV-Systeme und Plantafeln zur Verfügung gestellt werden, um ihre Termin- und Arbeitszeitplanung selbst zu koordinieren und zu visualisieren.

Ein gruppengerechtes Arbeitszeitmodell sollte auf den Grundlagen dezentraler Selbststeuerung aufbauen: Es gibt ausgehandelte Auftragspakete, die durch die Gruppe im Rahmen der Terminvereinbarungen abgearbeitet werden müssen, und es gibt fest definierte Spielregeln für Eilaufträge und Änderungen.

Innerhalb eines grundsätzlich vereinbarten Rahmens sollte es für die Führungskräfte möglich sein, Aufträge an die Gruppe zu geben, ohne dies mit der Gruppe abzustimmen. Zu welchen Arbeitszeiten diese Aufgaben erfüllt werden, bleibt dann einzig und allein Sache der Gruppe.

Um die Arbeitszeitregelung vor Missbrauch durch die Führungskräfte und die Gruppenmitglieder zu schützen, müssen bestimmte Regelungen getroffen werden.

Wenn es zu kurzfristigen, nicht vereinbarten und von der Gruppe nicht zu verantwortenden Arbeitszeitverlängerungen kommt, dann sollte die Gruppe einen klar vereinbarten Ausgleichsanspruch haben. Damit kann verhindert werden, dass die Planungsfehler in anderen Bereichen auf die Gruppen abgewälzt werden.

Es gibt in vielen Unternehmen eine Tendenz bei Mitarbeitern, ihr Arbeitszeitkonto im positiven Bereich zu halten. Dies entspricht einem weit verbreiteten Sicherheitsdenken in Bezug auf die Arbeitszeit. Durch Produktivitätsprämien (geleistete Arbeit während einer bestimmten Arbeitszeit) kann diesem Trend entgegengewirkt werden.

Checkliste für die Arbeitszeitgestaltung

- Gibt es klare Spielregeln für den Ausgleich von kurzfristigen Planänderungen, die durch Fehlplanungen außerhalb der Gruppe zu verantworten sind?
- Gibt es Anreize für die Gruppe, bei geringer Auslastung nach Hause zu gehen (Produktivitätsprämien)?
- Gibt es bei permanenter Mehrarbeit in der Gruppe Möglichkeiten, zusätzliche Mitarbeiter anzufordern?
- Werden auch private Zeitbedürfnisse der Mitarbeiter berücksichtigt?
- Ist die Gruppe über tarifrechtliche Fragen der Arbeitszeitregelung informiert?

6.7 Entgelt

WORUM GEHT ES?

Es ist maßgeblich für die erfolgreiche Entwicklung von Gruppenarbeit, dass Entlohnungsformen gefunden werden, die den neuen Arbeitsformen angemessen sind und die richtige „Botschaft“ an die Gruppen und ihre einzelnen Mitglieder senden.

Entgeltsysteme sind bisher auf die Bewertung der Einzelleistung und an formaler Qualifikation, fachlicher Spezialisierung und hierarchischer Position ausgerichtet. Bei Entlohnung im Rahmen von Gruppenarbeit müssen die Gruppenaufgaben und Gruppenergebnisse deutlich in den Vordergrund treten.

Eine gemeinsame Gruppenaufgabe muss dabei nicht unbedingt zu einer gleichen Eingruppierung aller Gruppenmitglieder führen. Die Gruppenaufgabe setzt sich in der Regel aus Einzelaufgaben mit unterschiedlichen Anforderungen zusammen, aus denen sich unterschiedliche Grundentgelte ergeben können.

Die Leistungsbeiträge der einzelnen Gruppenmitglieder sind häufig nicht gleich und können durchaus unterschiedlich vergütet werden – nur sollte dabei das Gruppenergebnis nicht wieder in den Hintergrund treten.

Es ist wichtig, dass

- die zusätzlichen Anforderungen aus gemeinsamen Planungstätigkeiten der Gruppe im Entgeltmodell berücksichtigt werden,
- das Entgeltsystem den Gruppenmitgliedern einen Anreiz zur Weiterqualifikation bietet,
- der Zusammenhang zwischen Leistungsbeurteilung/Prämie und Zielerreichung klar ist,
- die Gruppenmitglieder wissen, woran sie sind, also welche Einzelaufgaben wie bewertet werden und welche Qualifizierungsschritte welche zusätzlichen Verdienstmöglichkeiten eröffnen,
- die Gruppe das „Teilen der Beute“, also die Anrechnung der durch Prozessverbesserung im Rahmen der Gruppenarbeit erzielten Effizienz- und Produktivitätssteigerungen, als fair empfindet,

- die Eingruppierung und Leistungsdifferenzierung in der Gruppe im Großen und Ganzen als gerecht empfunden wird.

WAS BRINGT ES?

Die Einführung von Gruppenarbeit bringt eine grundlegende Veränderung der Aufgabenzuschnitte, Arbeitsabläufe, Qualifikationsanforderungen, Kooperationsbeziehungen, langjährigen Gewohnheiten und traditionellen Berufsrollen mit sich.

Das Entgeltsystem bietet einen Anreiz für die aktive Mitwirkung an dieser Veränderung und für die erfolgreiche Bewältigung der neuen Anforderungen. Die Beseitigung von „Altlasten“, etwa undurchsichtigen Eingruppierungsregeln, „Nasenprämien“ und gewachsenen Ungerechtigkeiten, z. B. zwischen unterschiedlichen Bereichen und Abteilungen, kann dazu beitragen, Widerstände gegen die Veränderung aus dem Weg zu räumen.

Ein gruppengerechtes Entgeltsystem enthält einen zusätzlichen Anreiz zu „klügerem“ statt lediglich schnellerem Arbeiten (z. B. Zusatzprämien in Verbindung mit Zielvereinbarungen).

Durch Gruppenarbeit in Verbindung mit einem geeigneten Entgeltsystem werden Qualitätsmängel, die durch die Einstellung „dafür werde ich nicht bezahlt“ entstehen, reduziert.

WIE GEHE ICH VOR?

Es ist wichtig, dass das Entgeltsystem bereits in der Pilotphase bzw. unmittelbar nach der erfolgten Umstellung auf Gruppenarbeit geändert wird. Ein an Einzelarbeitsplätzen orientiertes Entgeltmodell kann schnell die positiven Effekte der Gruppenarbeit unterlaufen. Sollte eine schnelle Anpassung des Entgeltsystems nicht möglich sein, muss über Transparenz, Gerechtigkeit und „Stimmigkeit" der Lohn- und Gehaltsstrukturen unter den neuen Bedingungen verhandelt werden. Den Mitarbeitern muss eine klare Perspektive für eine Veränderung des Entgeltsystems gegeben werden. Der Betriebsrat sollte dabei als kompetenter Gestaltungspartner von Anfang an einbezogen werden.

Obwohl die arbeitspolitischen Regeln und Rahmenbedingungen wie z. B. Entgelt und Arbeitszeit für das Gesamtunternehmen gelten und auf einer hierarchisch höheren Ebene ausgehandelt werden, sollten die Mitarbeiter der Gruppen möglichst frühzeitig in deren Gestaltung eingebunden werden. Nur so wird gewährleistet, dass diese Vereinbarungen den konkreten Arbeitsanforderungen in den Gruppen entsprechen.

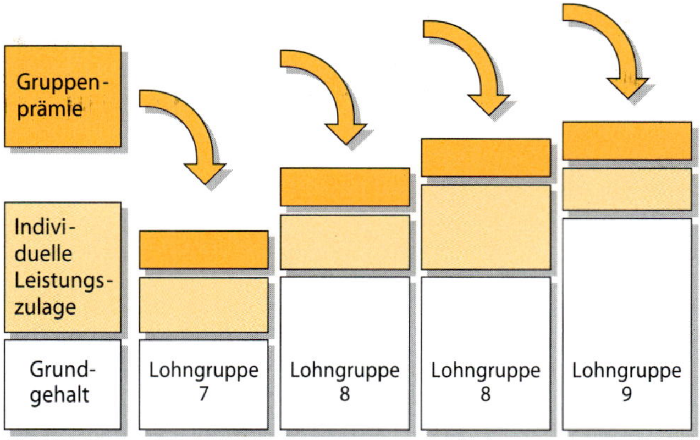

Bild 19: *Entlohnungsmodell*

Bewährt hat sich bei der Gruppenarbeit ein prinzipiell dreistufiger Aufbau des Entgeltsystems: Die erste Komponente wird sowohl anforderungs- als auch qualifikationsbezogen aus der Arbeitsaufgabe der Mitarbeiter heraus bestimmt und entspricht weit gehend einer klassischen Lohn- oder Gehaltsgruppenzuordnung. Dazu kommen zwei Prämienanteile. Zum einen ein gruppenbezogener Anteil, bei dem für jede Gruppe maßgeschneiderte Kriterien zwischen Gruppe und betrieblichen Vorgesetzten ausgehandelt werden müssen, und zum anderen ein individueller Anteil, der den Leistungsbeitrag des Einzelnen zum Gruppenergebnis honoriert.

Die Könnenstreppe

Bei der ersten Komponente des Entgeltsystems, der Anforderungskomponente, können Transparenz- und Qualifizierungsanreiz am besten dadurch gewährleistet werden, dass die zu bewältigenden Qualifizierungsmodule zu einer Könnenstreppe aufgebaut werden. Dies bedeutet, dass auf die vereinbarten Qualifizierungsschritte eine Höhergruppierung beim Grundentgelt folgen kann. Dabei sind aber zwei Dinge zu beachten:

- In der Praxis sind die Sprünge zwischen den tariflichen Lohn- und Gehaltsgruppen so groß, dass die „Stufen" der Könnenstreppe nicht dazu passen. Sinnvoll ist es, ein Zulagensystem mit Zwischenstufen aufzubauen, um Qualifizierungsschritte zeitnah und angemessen honorieren zu können.
- Nicht jeder Qualifizierungsschritt kann automatisch zu höherem Grundentgelt führen. Manche Qualifizierungsmaßnahmen sind nötig, um Rückstände auszugleichen und eine Anpassung an die technische Entwicklung zu gewährleisten. Diese müssen im Rahmen der Zielvereinbarungen klar benannt werden.

Die zweite Komponente des Entgeltsystems, die Gruppenprämie, sollte gleichmäßig auf alle Gruppenmitglieder verteilt werden und nicht prozentual an das Grundgehalt geknüpft sein.

Bei der dritten Komponente, den individuellen Zulagen der einzelnen Gruppenmitglieder, sollten möglichst eindeutige Kriterien wie zum Beispiel Qualifizierungsbereitschaft oder Einsatzflexibilität festgelegt werden. So kann das Gefühl von Ungerechtigkeit in der Gruppe verhindert werden.

Bei der Gestaltung des Entgeltsystems ist auf Einfachheit und Übersichtlichkeit zu achten. Es muss für Mitarbeiter in kürzester Zeit erkennbar sein, welche Leistungsziele von der Gruppe und von ihnen selbst erwartet werden, wie die Ziele erreicht werden können, welchen Beitrag jeder Einzelne zur Erreichung des Gruppenziels geleistet hat und wie man am Gruppenerfolg beteiligt wird.

Checkliste: gruppengerechte Entgeltregelung

- Wird die Entlohnungsregelung bereits in der Pilotphase der Gruppenarbeit oder wenigstens unmittelbar nach der Umsetzung in die Wege geleitet?
- Wird die Entlohnung von Mitarbeitern und Führung im Großen und Ganzen als gerecht empfunden?
- Ist die Entlohnungsregelung und -praxis transparent?
- Berücksichtigt der Grundlohn neue Anforderungen wie Einsatzflexibilität, neue Arbeitsaufgaben und gemeinsame Selbststeuerung?
- Wird ein leistungsabhängiger Gehaltsanteil gezahlt?
- Wird eine gemeinsame Gruppenleistung angemessen honoriert?

7 Stabilisierung und Weiterentwicklung von Gruppenarbeit

7.1 Die Schwierigkeiten bei der Weiterentwicklung von Gruppenarbeitskonzepten

In vielen Unternehmen, die Gruppenarbeit eingeführt haben, besteht Einigkeit, dass die Potentiale im Hinblick auf die angestrebte wirtschaftliche Effizienz und die erhoffte Verbesserung der Zusammenarbeit bei weitem noch nicht ausgeschöpft sind. Viele Beteiligte schrecken jedoch davor zurück, den „Stein wieder ins Rollen zu bringen". Womit hängt dieses Zögern zusammen?

Ein erster wichtiger Grund ist, dass die Führungskräfte nur noch begrenzte Einblicke in die Funktionsweise der Gruppen haben. Die klassische hierarchische Organisation hat den Führungskräften noch ein relativ umfassendes Verständnis der Organisation ermöglicht. Deswegen konnten Veränderungsmaßnahmen relativ einfach definiert werden. Auf Grund der zugestandenen Autonomie der Gruppen ist es für Führungskräfte sowohl schwieriger, Veränderungsnotwendigkeiten zu erkennen, als auch Veränderungsmaßnahmen in den oder zwischen den weit gehend autonomen Gruppen zu initiieren.

Ein zweiter wichtiger Grund ist, dass die Einführung der Gruppenarbeit häufig eine große Anstrengung für das Unternehmen gewesen ist. Der Zuschnitt der Gruppen war umstritten. Die geplante Zusammensetzung der Gruppen wurde teilweise in Frage gestellt. Die Bereitschaft der Mitarbeiter, sich für neue Aufgaben zu qualifizieren, musste häufig erst mühsam geweckt werden. Nach einem manchmal äußerst aufreibenden Einführungsprozess besteht ein mühsam etablierter „Status Quo“, an dem niemand so ohne weiteres kratzen mag.

Ein dritter wichtiger Grund ist, dass die Einführung von Gruppenarbeit häufig mit großen Versprechungen in die Wege geleitet wurde. Große Hoffnungen in Bezug auf Effizienzsteigerung und Humanisierung der Arbeitsbedingungen wurden geweckt. Wegen der ursprünglich hohen Erwartungen ist es schwierig, unerwartete Entwicklungen und unerwünschte Konsequenzen aus früheren Weichenstellungen der Gruppenarbeit zu thematisieren. Gerade die Mitarbeiter, die für die Einführung von Gruppenarbeit verantwortlich waren, schrecken davor zurück, bestimmte Schwachstellen des etablierten Gruppenarbeitssystems anzugehen.

Wie können unter solchen Schwierigkeiten Gruppenarbeitskonzepte in Unternehmen weiterentwickelt werden?

Das Dilemma bei der Veränderung von Gruppenarbeitskonzepten

In den ursprünglichen Konzeptionen von Gruppenarbeit wurde davon ausgegangen, dass die Weiterentwicklung der Arbeitsorganisation stark von den einzelnen Gruppen selbst ausgeht. Es hat sich jedoch herausgestellt, dass sich die Reichweite der selbständigen Veränderungen nur auf die Arbeitsorganisation *innerhalb* der einzelnen Gruppen beschränkt.

Veränderungen der formalisierten Arbeitsbeziehungen *zwischen* den Gruppen werden hingegen selten thematisiert und erst recht nicht von den Gruppen selbst in Angriff genommen.

Gleichzeitig sind aber die Eingriffsmöglichkeiten der Hierarchie nur noch begrenzt vorhanden. Das Hineinsteuern von

oben wird oft von der Gruppe als Missverstehen ihrer Probleme interpretiert.
Unternehmen sind insofern in dem Dilemma, dass Veränderungen der Gruppenarbeitskonzepte auf der einen Seite nur sehr begrenzt aus den Gruppen selbst kommen, auf der anderen Seite aber die klassischen, durch die Hierarchie angeordneten Veränderungsmechanismen nicht mehr uneingeschränkt zur Verfügung stehen.

7.2 Verschiedene Perspektiven auf Gruppenarbeitskonzepte

Bedingung für die Weiterentwicklung der Gruppenarbeit ist eine gemeinsame Standortbestimmung. Alle Beteiligten müssen von einem gemeinsamen Bild der Gruppenarbeit ausgehen.

Es ist jedoch nicht einfach, bei der Beurteilung des existierenden Gruppenarbeitskonzepts auf einen gemeinsamen Nenner zu kommen. Die Perspektiven der einzelnen Gruppen, der Vorgesetzten, der Mitarbeiter aus den vorgelagerten Bereichen oder von externen Mitarbeitern unterscheiden sich in aller Regel.

Ein klares und von allen Beteiligten geteiltes Bild der Situation lässt sich nur erzielen, wenn den Unterschiedlichkeiten bei der Betrachtung von Gruppenarbeit auf den Grund gegangen wird. Bewertung von Gruppenarbeitskonzepten aus verschiedenen Perspektiven vorzunehmen bewirkt Ähnliches, als wenn man durch verschiedene Schweinwerfer eine Bühne ausleuchtet und erst durch das Zusammenspiel der verschiedenen Scheinwerfer ein plastisches und umfassendes Bild zustande kommt.

Mit welchen Scheinwerfern kann man nun Gruppenarbeitskonzepte ausleuchten?

Es sollten sinnvollerweise drei Scheinwerfer eingesetzt werden:

- Der erste Scheinwerfer ist die Selbstbewertung durch die an der Gruppenarbeit Beteiligten. Dadurch kann eine eigene Sichtung der Situation vorgenommen werden. Die unternehmensspezifischen Kriterien für Gruppenarbeit werden aufgearbeitet, untersetzt und mit Soll- und Ist-Werten versehen.
- Der zweite Scheinwerfer ist die Analyse durch externe Fachleute. Durch sie werden „blinde Flecken" der Organisation aufgedeckt und zur Diskussion gestellt.

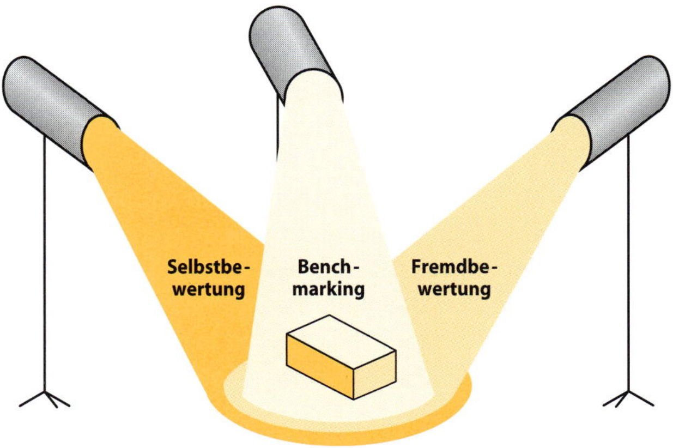

Bild 20: *Perspektiven auf Gruppenarbeit*

- Der dritte Scheinwerfer ist ein Vergleich mit anderen Unternehmen, die ebenfalls Erfahrungen mit Gruppenarbeitskonzepten gemacht haben. Durch ein solches

Benchmarking kann sich ein Unternehmen selbst besser im Vergleich zu anderen Organisationen einschätzen und mit anderen Lösungen vertraut machen.

7.3 Fokus bei einer Analyse von Gruppenarbeitskonzepten

Bei der Analyse eines existierenden Gruppenarbeitsverfahrens ist es wichtig, dass sie nicht zu einer reinen Nabelschau wird, in der nur der Zuschnitt und die interne Funktionsweise der Gruppe ins Blickfeld genommen wird. Eine solche Fokussierung nur auf die interne Arbeitsorganisation der Gruppen kann den Effekt haben, dass die Gruppen als Fremdkörper im Unternehmen betrachtet werden.

Vielmehr ist es wichtig zu untersuchen, wie die Gruppen in die verschiedenen übergreifenden Unternehmensprozesse eingebunden sind. Die Scheinwerfer richten sich also nicht nur auf die Gruppen und ihre Funktionsweise, sondern auch auf die Schnittstellen zu anderen Bereichen.

Es muss im Rahmen einer Analyse von Gruppenarbeitskonzepten auch immer ins Auge gefasst werden, wie die Gruppen in den Prozess der Auftragsplanung und -steuerung eingebunden sind, welche Rolle sie im Prozess der Produktinnovation spielen und wie die Gruppen in die übergreifende Optimierung der Produktionsprozesse integriert sind.

Bild 21: *Rolle der Gruppe im Prozess der Auftragsplanung und -steuerung, Optimierung von Produktionsprozess und Produktinnovation*

7.4 Methoden zur Weiterentwicklung der Gruppenarbeit: Fragebögen und Workshops

Vielfach werden in Unternehmen Bewertungsverfahren nur mit Fragebögen durchgeführt, die dann von Experten des Unternehmens ausgewertet werden und in Präsentationen den Mitarbeitern zurückgespiegelt werden.

Vorteile beim Einsatz eines Fragebogens sind:

- Zeiteffizienter Einsatz, weil jeder Mitarbeiter sie dann ausfüllen kann, wenn er Zeit dafür hat.
- Vermeiden von Gruppendruck durch anonyme Erhebung.

Insgesamt bewähren sich Fragebögen jedoch bei der Evaluierung und Weiterentwicklung von Gruppenarbeitskonzepten nur selten:

- Fragebögen werden spätestens beim dritten oder vierten Durchlauf nicht mehr ernst genommen.
- Fragebögen fördern nicht die Handlungsbereitschaft der Mitarbeiter. Mit dem ausgefüllten Fragebogen bekommt der auswertende Experte auch die Verantwortung für notwendige Aktionen zugeschoben.

Eine mögliche Alternative ist es, bei der Evaluierung und Weiterentwicklung von Gruppenarbeitskonzepten die Informationen über Workshops zu erheben.

Die Zusammensetzung der Workshops kann – je nachdem, welche Thematik im Mittelpunkt stehen soll – variieren:

- Workshop von Mitgliedern einer Gruppe
- Workshop von Gruppensprechern und ihren unmittelbaren Vorgesetzten
- Workshop von Mitgliedern der Gruppen und Mitarbeitern aus Bereichen wie Vertrieb, Produktentwicklung oder Einkauf.
- Workshop von Gruppenmitgliedern und Vertretern des Kunden.
- Workshop von Gruppensprechern eines Unternehmens mit Gruppensprechern eines anderen Unternehmens.

Die Durchführung von Workshops hat mehrere Vorteile:

- Es kommt zu einem unmittelbaren Austausch zwischen den betroffenen Mitarbeitern.
- Es besteht die Möglichkeit, flexibel zu reagieren und besonders interessante Themen sofort zu vertiefen.
- Aus der Problemanalyse können sofort Lösungen erarbeitet und die Umsetzung in Angriff genommen werden.

In den Workshops können auch quantitative Ergebnisse erhoben werden. So können die Mitarbeiter in einem Workshop mit dem Kleben von Punkten auf Skalen ihre Einschätzung von bestimmten Sachverhalten quantifizierbar darstellen.

Beispiele für Skalen zur Evaluierung von Gruppenarbeit:

Die Gruppe hat alle Hilfsmittel, um ihre Aufgabe vollständig zu erledigen:
+++ ++ + o – – – – – –
Die Gruppe hat ausreichend Möglichkeiten, bei der Auftragsplanung mitzuwirken:
+++ ++ + o – – – – – –
Die Gruppe im Unternehmen xy hat ein an Gruppenarbeit angepasstes Entgeltsystem:
+++ ++ + o – – – – – –

Die Auswertungen verschiedener Workshops lassen sich in Diagrammen zusammentragen und bieten so die Möglichkeit, einen umfassenden Eindruck über die Einschätzung der Gruppenarbeitskonzepte zu gewinnen.

Zentral ist jedoch, dass die quantifizierten Ergebnisse einer Evaluation von Gruppenarbeitskonzepten nicht mit der objektiven Situation der Gruppenarbeit verwechselt werden.

Die quantifizierten Ergebnisse dienen lediglich dazu, in einen Diskussionsprozess über die Stärken und Schwächen des existierenden Systems einzusteigen. Sie unterstützen Problembestimmung, Ursachenanalyse und Lösungssuche.

Der Prozess der Evaluierung und Weiterentwicklung eines Gruppenarbeitskonzepts sollte nicht nur einmal durchlaufen werden. Er dient der Optimierung und Neuanpassung des Gruppenarbeitskonzepts an veränderte Rahmenbedingungen.

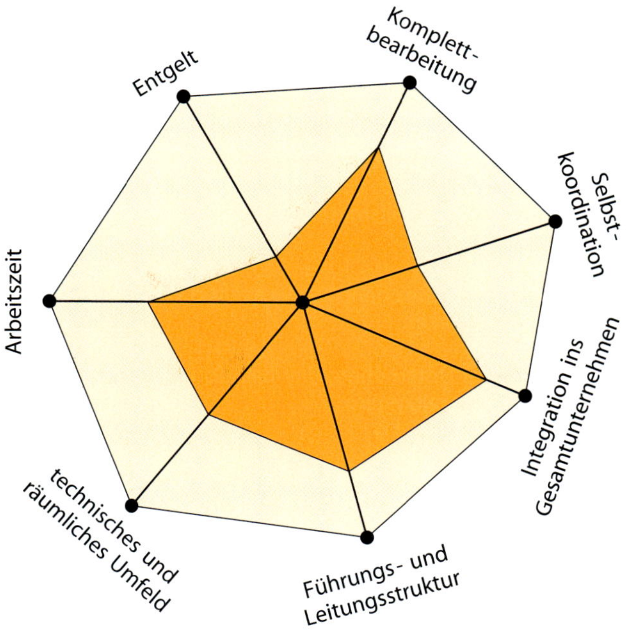

Bild 22: *Gesamteinschätzung eines Gruppenarbeitskonzepts (Beispiel)*

7.5 Gruppenarbeit zwischen Stabilität und Wandel

„Der Wind muss lange aus der gleichen Richtung wehen, bis sich etwas bewegt.“ Gerade in Bezug auf die Einführung von Gruppenarbeit als Regelarbeitsform im Unternehmen charakterisiert dieser Spruch die Erfahrung vieler Praktiker sehr treffend. Erste Erfolge mit Pilotbereichen sind oft relativ schnell nachweisbar. Auch eine teilweise Übertragung von Verantwortung in die Gruppen, z. B. für Urlaubs- und Personalplanung, geht häufig in der ersten Phase von Einführungsprojekten reibungslos vonstatten. Doch wenn die Einführungsprojekte beendet sind und der Alltag beginnt, versanden viele Projekte wieder.

Eine Ursache hierfür ist in der mangelnden Einbindung der „Gruppendenke“ in das Gesamtunternehmen. Solange Gruppenarbeit nur die Arbeitsform eines Bereiches oder einer Hierarchieebene im Unternehmen ist, besteht immer die Gefahr, dass sie durch äußere Einflüsse gebremst oder rückgängig gemacht wird.

Eine Wirtschafts- oder Führungskrise im Unternehmen reicht dann häufig aus, um die Gruppenarbeitskonzepte in den Hintergrund treten zu lassen. Das Management arbeitet nicht mit den Gruppen an Ursachen, Auswirkungen und Strategien zum Umgang mit den Krisen, sondern beschließt hinter verschlossenen Türen Lösungen, an die dann die Gruppenarbeit angepasst werden muss.

Dabei kann gerade in Krisensituationen das Potential von Gruppenarbeit voll zur Geltung kommen. Die Überlegenheit von Gruppenarbeit gegenüber den vorwiegend auf Einzelarbeit beruhenden Formen der Arbeitsorganisation zeigt sich überall dort, wo das rasche, effiziente, „eingespielte“ Zusammenwirken von unterschiedlichen Qualifikationen und persönlichen Kompetenzen unter unklaren Rahmenbedingungen erforderlich ist. Mit anderen Worten: Überall dort, wo es darum geht, unter unsicheren oder wechselhaften Voraussetzungen eine spezifische, komplexe, nur begrenzt standardisierbare Leistung zu erbringen, erweist sich die Gruppenarbeit als überlegen, wenn die damit verbundenen Potentiale an Effizienz und guten Arbeitsbedingungen voll ausgeschöpft werden.

Eine dauerhafte Stabilisierung von Gruppenarbeit als Regelarbeitsform im Unternehmen erfordert ein angemessenes Gleichgewicht zwischen Stabilität und Wandel. Der Wunsch nach Routine und Standardisierung ist nicht nur aus Mitarbeitersicht legitim, sondern auch von großem Nutzen für die mittel- und langfristige Effizienz, Zuverlässigkeit und Wirtschaftlichkeit der Arbeitsprozesse. Allerdings wird es dazu erforderlich sein, neue Formen

- der Stabilität (z. B. stabile Gruppenzugehörigkeit, aber veränderliche Gruppenaufgaben),
- der Routine (z. B. Regelkommunikation in der Gruppe und im Bereich, Routineabläufe im Auftragsdurchlauf) und
- der Standardisierung (z. B. Standardabläufe zur Problembearbeitung, Standards für die Einarbeitung in neue Aufgaben)

zu entwickeln.

Nur so wird die Offenheit für das weiterhin erforderliche Maß an Struktur- und Prozessveränderungen zu gewinnen sein – weil die Veränderung zum Aufgabenbestandteil und in gewisser Weise zur Routine wird.

Das regelmäßige offene Gespräch ist dabei ein wichtiger Erfolgsfaktor bei der Stabilisierung von Gruppenarbeit.

Nicht alle anspruchsvollen Ziele, nicht alle mit dem Konzept Gruppenarbeit verbundenen, mitunter deutlich überzogenen Erwartungen an Effizienz und Humanität lassen sich einlösen – schon deshalb nicht, weil allein mit Gruppenarbeit weder Marktturbulenzen und Absatzschwierigkeiten noch technologische oder finanzielle Probleme des Unternehmens zu bewältigen sind. Aber das offene Gespräch über derartige Probleme, das Ansprechen von Enttäuschungen und Sorgen, das Aufgreifen und Bearbeiten von Meinungsverschiedenheiten und Konflikten können die Voraussetzungen für eine erfolgreiche Bewältigung solcher Schwierigkeiten entscheidend verbessern.

Doch vor einem grundlegenden Irrtum ist gerade an dieser Stelle zu warnen: Auch wenn der Wind lange genug aus derselben Richtung geweht hat, wenn die Spielregeln stimmen, wenn ein angemessenes Gleichgewicht zwischen Stabilität und Wandel gefunden wurde und wenn das regelmäßige Gespräch von der lästigen Pflicht zur von allen gepflegten Selbstverständlichkeit geworden ist, dann wird das Organisationskonzept Gruppenarbeit noch immer nicht das ersehnte Zaubermittel sein, mit dem sich die Termin-, Qualitäts- und Kostenprobleme von selbst erledigen. Gruppenarbeit ist im günstigsten Fall ein effizienter Koordinationsmechanismus – nicht weniger, aber auch nicht mehr.

7.6 Revitalisierung von Gruppenarbeit

WORUM GEHT ES?

Im Gegensatz zu dem zuvor beschriebenen Werkzeug der Bewertung von Gruppenarbeit, die einer Standortbestimmung und dem Ableiten weiterer Optimierungspotenziale dient, wird die Revitalisierung wichtig, wenn sich wachsende Unzufriedenheit über Gruppenarbeit breit macht: In vielen Unternehmen lässt sich beobachten, dass einige Jahre nach der Einführung von Gruppenarbeit als Organisationsform trotz nachweisbarer großer Effekte und dem Eindruck, dass sich durch die Einführung einiges bewegt hat, weitaus nicht alle Erwartungen erfüllt worden sind. Die relativ unbestimmte Wahrnehmung von Führungskräften, Kunden und Mitarbeitern ist dann häufig die, dass man doch „eigentlich schon mal viel weiter war". Diese Situation birgt die Gefahr, dass man die Gruppenarbeit als solches für überlebt hält und sich frustriert irgendeiner neuen Managementmode zuwendet oder – schlimmer noch – auf alte Muster der hierarchischen Führung und Anordnung zurückgreift, die man doch überwinden wollte.

WAS BRINGT ES?

Gerade in festgefahrenen Situationen bietet ein gemeinsamer Revitalisierungsprozess die Möglichkeit, schnell, effizient und zielgerichtet eingeschliffene Verhaltensweisen zu hinterfragen und gemeinsam an einer Weiterentwicklung der eigenen Arbeitsorganisation zu arbeiten. Dabei ist es möglich, Erfahrungen und Lernergebnisse aus den vorherigen Prozessschritten zu nutzen.

WIE GEHE ICH VOR?

Oft sind Projekte zur Revitalisierung von Gruppenarbeit weitaus schwieriger zu starten, als das bei der Neueinführung der Fall war. Hierfür gibt es mehrere Gründe:

- Frustrationen und Enttäuschungen über nicht eingetretene Erwartungen sitzen tiefer als die unbestimmten Vorurteile bei der Neueinführung.
- Gruppenarbeit ist eventuell von Führungskräften eingeführt und als Erfolg „verkauft“ worden, die auch heute noch Verantwortung tragen und Kritik nicht zulassen können und wollen.
- Diejenigen, die das Konzept der Gruppenarbeit aktiv vorangetrieben haben, haben weitere Karriereschritte gemacht und die Gruppen verlassen. Sie fehlen nun.
- Einzelne nicht gruppengerechte Entscheidungen werden schnell verallgemeinert und gelten als Beweise dafür, dass niemand mehr Gruppenarbeit will.

Sehr stark unterstützend für einen Revitalisierungsprozess kann allerdings die Erinnerung an gemeinsam erzielte Erfolge wirken.

Bei der Gestaltung eines Revitalisierungsprozesses kommt es also darauf an, diese Faktoren produktiv einzusetzen. Hierfür bietet sich ein mehrstufiger Prozess an, der unbedingt gruppenspezifisch durchgeführt werden sollte.

1. Schritt: Bestandsaufnahme und Zielerarbeitung

An diesem Prozess sollten alle für die Gruppe wesentliche Akteure beteiligt werden. Im Allgemeinen sind dies die Gruppe selbst, die dazugehörige Planungs- und Beratungsgruppe, die Kunden der Gruppe sowie das Führungsteam der konkreten Gruppe. Ziel dieses ersten Schrittes ist es, Handlungsfelder auf dem Weg zur bereits erreichten Qualität der Gruppenarbeit zu definieren und dringliche offene Punkte zu benennen. Die operative Durchführung dieses Schrittes sollte in getrennten Workshops für die verschiedenen Akteure gestartet werden.

Als einleitende Frage gibt es prinzipiell zwei Varianten:

Was vermissen wir? Was läuft aus unserer Sicht nicht so gut? Was hindert uns, Spitze zu sein?

Vorteile dieses Einstiegs:

- Er ist sehr konkret.
- Die Fragestellung ist einfach.
- Die Antworten können sehr impulsiv gegeben werden, da diese Dinge im Allgemeinen von den Betroffenen schnell benennbar sind.
- Es sind sehr schnell konkrete Maßnahmen ableitbar, die bei rascher Umsetzung motivierend wirken.

Nachteile dieses Einstiegs:

- Viele neigen dazu, die jeweils anderen zu belasten.
- Eine eventuell vorhandene schlechte Stimmung wird durch die Fragen, die sich an Defiziten orientiert, verstärkt.
- Punkte, die nicht (schnell) geändert werden können, drücken die allgemein Stimmung weiter.
- Es besteht die Gefahr, sich in unwichtigen, weil impulsiv gesagten Punkten zu verzetteln; das Ganze wird leicht aus dem Auge verloren.

Eine Alternative zu dieser Fragestellung ist die nach dem besseren Zustand:

Wenn wir jetzt Gruppenarbeit renovieren, wie soll unsere Arbeitsorganisation in einem halben Jahr aussehen?

Vorteile dieser Alternative:

- Es werden mehr positive Wünsche formuliert.
- Die Aufforderung, auch über den Anteil der eigenen Gruppe nachzudenken, ist stärker.
- Allein die Frage nach Wünschen beeinflusst die Stimmung insgesamt bereits positiv.
- Es lassen sich leicht konkrete Ziele ableiten.

Nachteile dieser Alternative:

- Aus den abgeleiteten Zielen müssen in einem weiteren Arbeitschritt erst noch Maßnahmen generiert werden.
- Die Frage ist deutlich abstrakter und damit auch schwieriger zu beantworten.

Die Wahl der Einstiegsfragen sollte immer von der konkreten Situation in der Gruppe abhängig gemacht werden und kann sich daher auch in einem Unternehmen von Gruppe zu Gruppe unterscheiden. Unabhängig von der gewählten Einstiegsfrage geht es im Folgenden darum, sich die Antworten in einem gemeinsamen Workshop gegenseitig vorzustellen und sich durch Verhandlungen auf der Basis der gemachten Aussagen auf die Ziele des Revitalisierungsprozesses und die nächsten Schritte zu verständigen.

Idealerweise finden die ersten Workshops mit einer Dauer von ca. einem halben Tag zeitgleich am Vormittag statt, sodass für den Vorstellungs- und Verhandlungsprozess der Nachmittag zur Verfügung steht. Im Ergebnis dieses ersten Schrittes liegt dann nach einem Tag gemeinsamer Arbeit ein Plan für den weiteren Revitalisierungsprozess vor, der mit allen Akteuren abgestimmt ist.

2. Schritt: Prozessbegleitung

Die professionelle Begleitung der an die Workshops anschließenden Prozesse ist von ganz entscheidender Bedeutung: Nur so kann verhindert werden, dass reine „Maßnahmenfriedhöfe“ erzeugt werden, die womöglich völlig folgenlos bleiben. Dabei geht es zum einen darum, der Revitalisierung gegenüber dem Tagesgeschäft Zeiten und Prioritäten einzuräumen, zum anderen aber auch um die Würdigung von Erfolgen und die angemessene Behandlung von Misserfolgen.

Bei dieser Prozessbegleitung sollten für die Begleiter weniger die Ergebnisse der konkret vereinbarten Maßnahmen im Vordergrund stehen, sondern die Art und Weise der Zusammenarbeit in der Gruppe und zwischen der Gruppe und den anderen Akteuren. Denn bei der Revitalisierung geht es, im Gegensatz zur Neueinführung von Gruppenarbeit, nicht um das Erreichen von bestimmten Zuständen, sondern vielmehr um das neuerliche Einüben von gruppenorientierten Problemlösungsmustern. Der Blick sollte also vor allem auf folgende problematische Verhaltensweisen gerichtet sein:

- dauerhafte Delegation auf den Gruppensprecher innerhalb der Gruppe,
- Einklagen von längst begründet abgelehnten Wünschen,
- Bevormundung durch Vorgesetzte,
- informelle Hierarchien,
- zu starke Hilfestellung für die Gruppe von außen usw.

Die Begleitung dieses Prozesses sollte durch Personen erfolgen, die nicht dem gleichen Führungssystem angehören wie die zu betreuende Gruppen. Im Idealfall erfolgt die Betreuung durch ein Team aus unternehmensinternen Mitarbeitern und externen Beratern.

Diese Begleitung sollte feste Termine haben, die der Ergebnis- und Prozesskontrolle dienen. Gleichzeitig ist es in dieser Phase wichtig, offen und schnell auf einen eventuell auftretenden Bedarf an Teamtrainings, Konfliktgesprächen oder Coaching zu reagieren. Diese sind sinnvollerweise erst zu vereinbaren, wenn der Bedarf auftritt; es ist nicht nötig, sie von vornherein einzuplanen.

3. Schritt: Abschluss des Revitalisierungsprozesses

Nachdem die bei der Zielvereinbarung gesetzten Ziele des Revitalisierungsprozesses erreicht sind, sollte dieser Prozess abgeschlossen werden. Dabei ist es wichtig, Vereinbarungen zu treffen, die verhindern, dass die Qualität der Gruppenarbeitslösung erneut abfällt. Mögliche Varianten hierfür:

- Vereinbarung von festen Gruppenarbeitswartungsterminen,
- regelmäßige Anwendung von Gruppenarbeitsbewertung,
- Entwicklung eigener Standard-Werkzeuge analog den Fragen aus dem ersten Arbeitsschritt.

Eine solche dauerhafte Überarbeitung der Gruppenarbeit kann vor neuen Enttäuschungen und Leistungsverlusten schützen.

8 Literatur

Alle Pocket-Power-Bände, siehe hintere innere Umschlagseite.

Bücher, die für Praktiker besonders gut geeignet sind, wurden durch ein Sternchen (*) markiert.

Was ist Gruppenarbeit?

Antoni, Conny H. (Hrsg.) (1994): Gruppenarbeit in Unternehmen. Konzepte, Erfahrungen, Perspektiven. Weinheim: Beltz.

Antoni, Conny H.; Karsten Hofmann; Walter Bungard (1998): Gruppenarbeit. In: Bullinger, Hans-Jörg; Hans Jürgen Warnecke (Hrsg.): Neue Organisationsformen im Unternehmen. Berlin et al.: Springer, S. 489–499.

Breisig, T. (1990): It's Team Time: Kleingruppenkonzepte in Unternehmen. Köln: Bund. (*)

Roth, Siegfried; Heribert Kohl (Hrsg.) (1988): Perspektive: Gruppenarbeit. Köln: Bund.

Wahren, Heinz-Kurt E. (1994): Gruppen- und Teamarbeit in Unternehmen. Berlin; New York: Walter de Gruyter.

Typen von Gruppenarbeit

Gerst, Detlef et al. (1995): Gruppenarbeit in den 90ern: Zwischen strukturkonservativer und strukturinnovativer Gestaltungsvariante. In: SOFI-Mitteilungen, Nr. 22/1995, S. 39–65.

Heidenreich, Martin (1994): Gruppenarbeit zwischen Toyotismus und Humanisierung. Eine international vergleichende Perspektive. In: Soziale Welt, Jg. 45, S. 60–83.

Hentze, Joachim; Andreas Kammel (1992): Lean Production: Erfolgsbausteine eines integrierten Management-Ansatzes. In: Wisu, Nr. 8–9/1992, S. 631–639.

Sandberg, A. (Hrsg.) (1995): Enriching Production Perspectives on Volvo's Uddevalla Plant as an Alternative to Lean Production. Aldershot: Avebury.

Springer, Roland (1996): Effektivität von unterschiedlichen Formen der Gruppenarbeit. In: Antoni, Conny; Eckart Eyer, Jan Kutscher (Hrsg.): Das flexible Unternehmen. Arbeitszeit, Gruppenarbeit, Entgeltsystem: Gabler, Bereich 02.02, S. 1–13.

Weber, Wolfgang G. (1994): Autonome und restriktive Gruppenarbeit in der Produktion. In: Zeitschrift für Arbeitswissenschaft, Jg. 48, S. 147–156.

Einführung von Gruppenarbeit

Becker, Klaus et al. (1995): Einführung von Gruppenarbeit. Ein Leitfaden für Führungskräfte. Köln: Bachem. (*)

Brödner, Peter; Wolfgang Kötter (Hrsg.) (1999): Frischer Wind in der Fabrik. Kulturwandel als Erfolgsfaktor der Reorganisation von Produktionsprozessen. Berlin; Heidelberg; New York: Springer. (*)

Ernst, Frank (1994): Einführung von Gruppenarbeit in der Automobilindustrie aus systemischer Sicht. In: Organisationsentwicklung, H. 2/1997, S. 42–55.

Gerst, Detlef (1998): Selbstorganisierte Gruppenarbeit. Gestaltungschancen und Umsetzungsprobleme. Eschborn: RKW. (*)

Haug, Christoph V. (1998): Erfolgreich im Team. Praxisnahe Hilfestellungen und Anregungen für effiziente Zusammenarbeit. München: dtv.

Kieser, Alfred (1994): Fremdorganisation, Selbstorganisation und evolutionäres Management. In: Zeitschrift für betriebswirtschaftliche Forschung, Jg. 46, S. 199–228.

Kühl, Stefan (1997): Widerspruch und Widersinn bei der Umstellung auf dezentrale Organisationsformen. In: Organisationsentwicklung, H. 4/1998, S. 4–18.

Qualifizierung für Gruppenarbeit

Adenauer, Sibylle (1997): Fit für Gruppenarbeit. Ein Qualifizierungsleitfaden – nicht nur für Führungskräfte. Bachem: Köln. (*)

REFA (1991): Grundlagen der Arbeitsgestaltung. München: Carl Hanser.
Wittel, Andreas (1998): Gruppenarbeit und Arbeitshabitus. In: Zeitschrift für Soziologie, Jg. 27, S. 178–192.

Sieben Säulen der Gruppenarbeit

Bahnmüller, Reinhard; Rainer Salm (Hrsg.) (1996): Intelligenter, nicht härter arbeiten? Gruppenarbeit und betriebliche Gestaltungspolitik. Hamburg: VSA, S. 31–45.
Breisig, Thomas (1997): Gruppenarbeit und ihre Regelung durch Betriebsvereinbarungen. Handbuch für Praktiker. Köln: Bund. (*)
Demmer, Bettina; Hans-Eckhard Gohde; Wolfgang Kötter (1991): Komplettbearbeitung in eigener Regie. Prüfsteine zur Planung von Fertigungsinseln. In: Technische Rundschau, H. 4/1991, S. 18–26.
Fremmer, Hans (1996): Zeitgemäße Entgeltformen. Grundlagen, Rahmenbedingungen. Köln: Bachem. (*)
Kern, Horst; Michael Schumann (1984): Das Ende der Arbeitsteilung? Rationalisierung in der industriellen Produktion. München: Beck.
Weber, Wolfgang G. (1997): Analyse von Gruppenarbeit. Kollektive Handlungsregulation in soziotechnischen Systemen. Bern: Verlag Hans Huber.

Schwierigkeiten und Probleme bei der Gruppenarbeit

Fröhlich, Dieter (1983): Machtprobleme in teilautonomen Arbeitsgruppen. In: Neidhard, F. (Hrsg.): Gruppensoziologie. Perspektiven und Materialien. Kölner Zeitschrift für Soziologie und Sozialpsychologie, Sonderheft 25, S. 532–551.
Kühl, Stefan (1998): Wenn die Affen den Zoo regieren. Die Tücken der flachen Hierarchien. 5. Aufl. Frankfurt a. M.; New York: Campus. (*)
Lazega, Emmanuel (1992): Micropolitics of Knowledge. Communication and Indirect Control in Workgroups. New York: de Gruyter.

Moldaschl, Manfred (1994): „Die werden zur Hyäne" - Erfahrungen und Belastungen in neuen Arbeitsformen. In: Moldaschl, Manfred; Rainer Schultz-Wild (Hrsg.): Arbeitsorientierte Rationalisierung. Fertigungsinseln und Gruppenarbeit im Maschinenbau. Frankfurt a. M.; New York: Campus, S. 105–150.

Smith, Kenwyn K.; David N. Berg (1987): A Paradoxical Conception of Group Dynamics. In: Human Relations, Jg. 40, S. 633–658.

Stabilisierung und Weiterentwicklung von Gruppenarbeit

Camp, Robert C. (1994): Benchmarking. München; Wien: Hanser. (*)

Frieling, Eckehart (1997): Arbeitsstrukturen im Wandel. Entwicklung - Standortbestimmung - Perspektiven. In: Refa-Nachrichten, H. 6/1997, S. 14–27.

Hoffmann, Werner H. (1996): Leistungssteigerung durch Benchmarking. In: Journal für Betriebswirtschaft, H. 1/1996, S. 36–41.

Wehner, Theo; Klaus-Peter Rauch: Evaluation von Gruppenarbeit in der Automobilindustrie. In: Arbeit, Jg. 3, S. 132–149.

(Wegen der Lesbarkeit und des zur Verfügung stehenden Platzes wurde im Text weit gehend auf Literaturhinweise verzichtet. Die Liste der weiterführenden Literatur gilt gleichzeitig als Quellenangabe.)

9 Service

Wenn Sie die Grafiken und Checklisten als Kopiervorlage oder Folie auf DIN A4 einsetzen wollen, senden wir Ihnen gerne einen kompletten Satz von Papiervorlagen zu. Wir berechnen Ihnen für diesen Service lediglich unsere Selbstkosten von € 10,– (Voreinsendung eines Verrechnungsschecks erbeten).

Wenden Sie sich bitte an:

GITTA mbH
Sekretariat
Kreuzbergstr. 37/38
10965 Berlin

Tel.: 030/7852082
Fax: 030/7852070
E-Mail: GITTAmbH@Compuserve.com

Zu diesem Buch

Dieser Leitfaden basiert auf zehn Jahren Erfahrungen des Beratungs- und Forschungsinstituts GITTA mbH Berlin bei der Einführung, Bewertung und Weiterentwicklung von Gruppenarbeit in Unternehmen und Verwaltungen.

Es wurde erstellt in Kooperation mit dem Institut für Qualitätswissenschaft an der Technischen Universität Berlin unter Leitung von Prof. Dr.-Ing. Gerd Kamiske.

Wir danken Jörg Bahlow, Dr. Beate Dauer, Michaela Heise, Wolfgang Kötter und Malte Siefkes für ihre Mitarbeit.

QZ - Qualitätsmanagement hat ein Markenzeichen

Deutschlands führende QM-Fachzeitschrift im Kurzporträt

„Deutschland wird Servicewüste“, „‚Made in Germany‘ verblasst“, „Standort Deutschland verliert an Attraktivität“ – vor dem Hintergrund solch alarmierender Statements ist Qualitätsmanagement weitgehend unauffällig ein Thema von volkswirtschaftlichem Rang geworden. Aus der fertigungsnahen Qualitätskontrolle von einst ist das umfassende Führungsmodell Total Quality Management (TQM) erwachsen, das über eine Vielzahl erprobter Techniken und individueller Konzepte verfügt. Weltweiter Wettbewerb, rasche Produktlebenszyklen und ein schwindender Shareholder Value zwingen Unternehmen zum Überdenken bisheriger Managementkonzepte – TQM bietet Orientierung und Perspektive in unruhigen Zeiten. Gleichzeitig finden heute die Methoden des Qualitätsmanagements über die produzierende Industrie hinaus Beachtung und werden von Dienstleistungsorganisationen ebenso wie im öffentlichen Verwaltungssektor angewandt.

Wandel braucht Information

In diesem Umfeld wirtschaftlichen Wandels agiert die Fachzeitschrift „QZ – Qualität und Zuverlässigkeit“ nunmehr im 47. Jahrgang als das führende Informationsmedium in Deutschland. Sie informiert branchenübergreifend in Exklusivbeiträgen über aktuelle Trends und Entwicklungen. Sie lässt Experten diskutieren und dokumentiert die fachöffentliche Meinungsbildung. Sie präsentiert authentische Konzepte und Maßnahmen erfolgreicher Unternehmen und Organisationen und unterstützt den Leser mit konkreten Handlungs- und Planungsgrundlagen von der Idee bis zur Realisierung. QZ-Autoren sind erfahrene Experten aus Industrie, Forschung und Beratung und gewährleisten Aktualität, Relevanz und Praxisnähe der Fachbeiträge. Topentscheider aus Wirtschaft, Politik und Verbänden liefern Statements. Ausgewählte Wirtschaftsmeldungen und Berichte über einschlägige Veranstaltungen und Auszeichnungen sowie Meldungen und Anzeigen über neue Geräte und Produkte, Dienstleistungen und Buchpublikationen runden das Informationsangebot ab.

Der Informationsbedarf ist hoch. Mit einer Jahresauflage von 240.000 und rund 1000 redaktionellen Seiten jährlich erreicht die QZ Monat für Monat Qualitätsmanager und -beauftragte, Leiter der Qualitätssicherung sowie für Qualität verantwortliche Führungskräfte im mittleren und gehobenen Management von Konzernen und Mittelstand aller Branchen.

Themenvielfalt und starke Partner

Der ständige Themenpool umfasst im Ressort „Qualitätsmanagement" unter anderem Auditierung, Balanced Score Card, Benchmarking, Beschwerdemanagement, CAQ, Dokumentenmanagement, FMEA, Integriertes Management, KVP, Kunden-Lieferanten-Beziehungen, Kundenbefragung, Mitarbeiterzufriedenheit, Produkthaftung, Prozessmanagement, Qualitätsauszeichnungen, qualitätsbezogene Kosten, Qualitätscontrolling, Qualitätskennzahlen, QFD, Risikomanagement, Selbstbewertung, Six Sigma, Statistische Verfahren (SPC), TPM, TQM, Versuchsplanung, Wissensmanagement, Zertifizierung. Das Ressort „Messen und Prüfen" behandelt die Techniken fertigungsnaher Qualitätssicherung: Bildverarbeitung, optische Mess- und Prüftechnik, dimensionelles Messen, Form-/Oberflächenprüfung, Werkstoffprüfung, Prüfmittelmanagement, Kalibrierung, Messdatenerfassung und -verarbeitung sowie Mess- und Analysetechnik.

Seit 1976 ist die Zeitschrift in Händen des Carl Hanser Verlags, der sich inzwischen auch als führender Informationsdienstleister im Bereich Qualitätsmanagement einen Namen gemacht hat. Neben der erfolgreichen QZ verfügt der Verlag in diesem Themenfeld über das führende Fachbuchprogramm, die Internetplattform www.QM-InfoCenter.de sowie ein wachsendes Seminar- und Kongressangebot. Eine fruchtbare Kooperation verbindet die QZ mit dem Fach- und Berufsverband, der Deutschen Gesellschaft für Qualität e. V. (DGQ), Frankfurt/M., als deren Publikationsorgan sie auch auftritt. Weitere Partner sind die Initiative Ludwig-Erhard-Preis e. V. unter Leitung von Hans-Olaf Henkel, Qualitätspreise auf Länderebene und zahlreiche Forschungsinstitute. Herausgeber ist Prof. Dr.-Ing. Gerd F. Kamiske, der jüngst für seine hervorragenden Leistungen um das deutsche Qualitätsmanagement mit dem Bundesverdienstkreuz erster Klasse ausgezeichnet wurde.

Aus der Praxis für die Praxis

Sind Sie neugierig auf die QZ geworden? Möchten Sie sie gerne kennen lernen? Oder würden Sie vielleicht selbst gerne publizieren? Für Ihre Fragen rund um die führende Fachzeitschrift für Qualitätsmanagement in Deutschland steht Ihnen die Redaktion gerne zur Verfügung: Redaktion QZ, Carl Hanser Verlag, Kolbergerstraße 22, 81679 München, Tel. 0 89 - 9 98 30 - 6 18, Fax -6 24, E-Mail qz@hanser.de, Internet: www.hanser.de/qz und www.qm-infocenter.de.

QZ-Chefredakteur
Dr. Fritz Taucher